KB046182

칼 구스타프 융

옮긴이 이현성

한국외국어대학교 일어학과를 졸업하고, 일본 와세다대학원에서 경영학을 전공했다. 대학원을 졸업하고 엘지전자 오사카 지점에서 근무하다 지금은 일본 종합상사 한국 파트에서 근무하고 있으며 번역 작업도 함께하고 있다. 번역서로 『경영자의 심리학』 『성공으로 이끄는 인간관계』 『리더를 위한 손자병법』 『상대를 기쁘게 하는 대화법』이 있다. 심리학에 대한 개인적 관심으로 꾸준히 전문적인 공부를 해 오고 있으며 『하지 않으면 좋은 말』 『말 잘하는 사람의 10가지 습관』을 편저해 말하기의 기술을 명쾌하게 정리해 놓았다. 자신의 젊은 시절을 돌아보며 20대를 위한 도전 과제를 심리학적으로 풀어 낸 『지금 청춘이라면 심리학에 미쳐라』와 다양한 이론과 사례로 심리학을 설명한 『마음의 탱고』를 저술했다.

사람이라면 꼭 알아야 할 심리학 3대 거장

칼 구스타프 융 영혼을 파고드는 무의식 세계와 페르소나 탐구

초판 1쇄 발행	2020년 7월 31일
초판 5쇄 발행	2022년 12월 17일

지은이	칼 구스타프 융 · 캘빈 S. 홀
옮긴이	이현성
펴낸이	김상철
발행처	스타북스
등록번호	제300-2006-00104호
주소	서울시 종로구 종로 19 르메이에르종로타운 B동 920호
전화	02) 735-1312
팩스	02) 735-5501
이메일	starbooks22@naver.com
ISBN	979-11-5795-537-4 04180
	979-11-5795-535-0 (세트)

ⓒ 2022 Starbooks Inc.
Printed in Seoul, Korea

사람이라면 꼭 알아야 할 **심리학 3대 거장**

칼 구스타프 융

분석심리학의 창시자

CARL GUSTAV

영혼을 파고드는 무의식 세계와 페르소나 탐구

JUNG

칼 구스타프 융 · 캘빈 S. 홀 지음

이현성 옮김

스타북스

영혼의 세계와 페르소나를 탐구한 정신의학의 명의

분석심리학의 창시자로 통하는 칼 구스타프 융은 스위스에서 목사의 아들로 태어났다. 그의 아버지뿐 아니라 융의 집안에는 목회자가 많았다. 융은 자연스럽게 집안 어른들의 종교 이야기 속에서 자라났으나, 아버지의 모순을 보며 신앙에 대해 회의감을 갖게 된다.

융이 고향을 떠나 바젤에 있는 학교에 들어간 뒤에는 화려한 집안 출신 아이들에 비해 자신이 가난하다는 사실을 깨닫게 된다. 이때 비로소 사회적 격차를 몸으로 느끼고, 아버지에 대한 연민도 갖게 된다. 하지만 온전한 신앙을 갖지 못한 채 신앙인으로 살았던 아버지의 모습과 부모의 불화 등을 겪으며 융의 내부에 자라게 된 불일치는, 그에게 평생의 숙제를 안긴다.

목회자인 집안 어른들의 대화는 본질을 비껴갔고, 매일 밤 신에게 기도를 하며 마음의 안식과 위로를 얻던 융에게는 의혹과 황량한 마음이 커져갔다. 집에 있는 아버지의 신학 관련 책들을 모조리 찾아 읽어도 종교에 대한 불신을 극복할 수 있는 해답을 찾아내지 못하였다. 집이나 학교에서는 융의 예민한 감수성을 들여다볼 줄 아는 이가 없었다. 그러면서 분리된 두 자아를 갖고 성장하게 된 융은, 그 문제의 해결을 위해 평생에 걸친 노력을 계속한다. 아버지와 제대로 된 유대 관계를 맺지 못한 채 자라던 융은 성년이 되면서 아버지와 여러 차례 토론을 했으나 제대로 된 소통에 이르는 경우는 없었다.

대학에 입학한 융은 자유로운 상아탑 안에서 사회과학, 자연과학을 아우르며 왕성한 지적 호기심으로 학구열을 불태운다. 그 과정에서 '마음'이 없으면 지식도 통찰도 있을 수 없다는 발견을 하게 된 융은 정신의학을 전공하기로 결심한다.

융이 바젤의 김나지움을 다니던 시기 아버지가 정신병원의 상담 목사로 활동하였는데, 융 역시 자신의 자아가 분리되었다는 강한 경험을 하며 자랐기에 정신분석에 관심을 갖게 되었고, 융의 할아버지 또한 의사였기에 그의 선택이 뜻밖의 일은 아니었다. 종교와 아버지는 융이 심리학자의 길을 걷는 데 지대한 영향력을 미쳤다고 하겠다.

이 책의 후반에 실린 '융이 직접 들려주는 나의 이야기'에는 이처럼 유년기와 청소년기 시절 겪은 융의 갈등과 방황이 내밀하게 드러나 있다. 또한 어떻게 정신의학에 발을 내딛게 되었는지, 프로이트와의 만남과 결별, 그 이후 자기만의 정신분석학을 정립하는 과정이

담겨 있다.

융은 유연한 사고방식을 지닌 심리학자였다. 당시에는 지나치기 쉬운 무의식에 집중함으로써 이를 통해 인간을 이해하고자 했다. 또한 정신분석의 기초를 세워 사람의 성격을 '내향형'과 '외향형'으로 나누고 '콤플렉스'라는 개념을 만들었다.

융의 정신분석에서는 프로이트와의 관계를 빼놓을 수 없다. 정신분석에 지대한 공헌을 한 프로이트는 융과 동반 작업을 했고 한때 그를 후계자로 생각하기도 했다. 그러나 융은 무의식을 성적 억압과 친자 관계 등 개인적 체험으로 환원할 수 없다고 생각했다. 무엇보다 프로이트는 '리비도'를 성적 에너지로 보았지만, 융은 성에 국한하지 않고 일반적 에너지를 총칭한다고 생각했다. 마침내 프로이트와 결별한 융은 침체기를 겪기도 하지만, 환자를 새로운 태도로 대하며 자신의 분석심리학을 만들어 나가기 시작한다.

융의 인간적인 면과 업적은 알려진 것만큼 간단하지 않다. 융은 인간을 위협하는 위험은 더 이상 외부 조건이 아니라 인간의 마음, 집단의 마음에서 온다는 사실을 알아야 한다고 주장했다. 더불어 하나의 고정된 틀로 환자를 보지 말고 다양한 각도에서 환자를 이해해야 하며, 그러기 위해 의사 자신이 스스로를 이해할 수 있어야 한다고 말했다.

그는 마음의 균형을 중요하게 여겼다. 이는 오늘날에도 정신의학자, 심리 치료자라면 가져야 할 미덕인 동시에 다른 사람과 관계를 맺는 우리 모두에게 필요한 행동 지침일 것이다.

융은 평생을 바쳐 수많은 환자들을 상담하고 치료했다. 또한 환자의 치료 과정에서 필연적으로 알게 되는 사회의 모순에 대해서도 격렬하게 비판할 줄 알았다. 융은 당대 주목받지 못한 무의식에 주의함으로써 개인의 무의식을 통해 사람을 보듬었던 사려 깊은 심리학자였다.

CARL GUSTAV JUNG

제1장
인격이란 무엇인가

인간의 인격(Personality)에 관한 이론을 완성하기 위해서는 세 가지 문제에 대한 답이 필요하다. 인격의 구조를 이루는 요소는 무엇일까. 그리고 그 요소들은 어떻게 서로에게 영향을 줄까. 또한 바깥세계와 어떻게 영향을 주고받을까? 두 번째로 인격을 활동하게 하는 에너지의 근원은 무엇이며 그 에너지는 여러 가지 구성요소들에 어떻게 분배될까? 마지막으로 개인 인생에서 인격의 발생과 변화는 어떻게 이루어질까? 이 세 가지 문제를 두고 각각 구조적, 역학적, 발달적 문제라고 부를 수 있다. 융 심리학은 이 문제들 전부에 대답하려고 노력하므로 거시적으로 인격 이론이라고 말할 수가 있다.

융이 인격 구조를 설명하기 위해 제시한 여러 개념들을 논의해 보자. 우선 설명할 것은 과학적 개념이다. 개념은 어떤 종류의 자연현상에 대해 관찰한 무리의 사실 및 그 관찰 사실을 상세히 설명하기 위한 관념, 추론, 가정을 가리키는 용어다. 그러므로 개념이라는 말은 일반적이면서 추상적인 용어다.

이를테면 다윈의 진화라는 개념은 씨의 기원에 대한 복잡한 관찰과 설명을 나타낸다. 이 개념의 이해를 위해서는 그 기반이 된 관찰에 관해 어느 정도 사전 지식이 있어야 한다. 개념을 논의할 때는 일반에서 특수로 나가야 함을 뜻한다. 과학자가 개념을 만들 때와는 정반대이다. 우리가 융의 개념을 설명할 때도 그렇게 할 것이다. 일반적 말로 개념을 풀어낸 뒤 구체적 예를 제시하고자 한다.

일반적으로 널리 쓸 수 있는 개념은 가장 쓸모가 많다. 융의 개념에서도 볼 수 있는 특징이다. 적용 범위가 넓기 때문에 각 개념들이 적용되는 예와 파생 형태를 일일이 열거하는 일은 불가능하다.

따라서 여기에서 소개하는 예 이외에, 개념의 기타 표현 형식도 상상하기를 바란다. 그 개념들이 스스로의 인격과 주변 사람 행동에 표현된 방식을 고찰해 보면 인격과 개성에 대한 지식이 깊어짐을 깨달을 것이다.

융도 명확히 이해하고 있었지만 개념에도 함정이 있다. 개념이 우리의 관찰을 치우치게 하거나, 우리가 '존재하지 않는 것을 보고, 존재하는 것을 보지 않게 될지도 모른다.' 그렇기 때문에 융은 자기 개념을 지나치게 고집하는 일이 주는 위험을 경계했으며 관찰 사실이 이론에 앞선다고 역설했다.

융의 심리학에서 인격 전체는 '정신'이라고 불린다. 근대에 와서 마음의 과학을 '심리학'이라고 하듯이, 본래 영혼을 뜻하던 프시케라는 라틴어는 '마음'을 뜻하게 되었다. 정신은 의식적, 무의식적 모든 생각과 감정 및 행동을 포함한다. 정신은 개인을 규정하며 그 사회적, 물리적 환경에 적응하도록 다음과 같은 지침을 준다. "심리학은 생물학도 생리학도 아니다. 정신에 관한 인식 이외의 뭔가 다른 과학도 아니다."

융의 근본 사상에서 정신이라는 개념은 인간은 하나의 전체임을 긍정한다. 인간은 여러 부분들의 합이 아니다. 벽과 기둥 등 각 부분을 모아서 집을 만들듯이 경험과 학습으로 여러 부분을 추가해도 인간을 만들지는 못한다.

인격이 애당초 하나의 전체라는 개념은 낡고 해묵은 소리처럼 들릴 수도 있으나 심리학 이론 중에는 인간의 인격은 각 부분이 차례로 얻어지며 나중에 가서는 특정한 종류의 조직적 통일성이 나타난다고 직접 혹은 간접적으로 주장하는 경우도 많다.

융은 주관이 제대로 갖추어지지 않은 인격 이론을 분명히 거부하고 있다. 인간은 전체성을 구하려 노력하지 않는다. 왜냐하면 인간은 하나의 전체로 태어남으로써 선천적으로 전체성을 획득하고 있다. 융은 다음과 같이 말한다. "인간이 평생을 통해 할 일은 타고난 전체성 중 최대한으로 분화된 것을 가급적 일관성 있고, 조화롭게 발전시키는 일이다. 그것이 각자 흩어져 제멋대로 움직임으로써 갈등을 불러오는, 즉 여러 체계로 분화되어 분열된 인격이 되면 삐뚤어진 인격을 갖는다." 정신분석자로서 융은 잃어버린 환자의 전체성을 회복시키고, 정신을 강화해서 장래의 분해에 저항하게 만드는 데 있다. 융에 따르면 정신 분석의 궁극적 목표는 '정신 종합'이다. 정신은 저마다 다르지만 서로 관련되어 있는 수많은 체계와 수준으로 이루어져 있다. 정신은 세 가지 수준으로 구별될 수 있다. '의식', '개인무의식', '집단무의식'이 그것이다.

개인이 처음 인지할 수 있는 마음의 부분은 의식뿐이다. 의식은 아주 일찍 출생 이전에 나타난다. 어린이들을 관찰해 보면 부모, 장난감, 기타 주위의 대상을 구별할 때 의식적으로 주의를 기울이고 있음을 알 수 있다.

어린이가 의식적으로 주의를 기울일 때는 융이 '생각', '감정', '감각', '직감'이라고 부르는 네 가지 심적 기능의 적용을 거쳐서 하루가 다르게 성장한다. 이때 네 가지 기능을 동일한 비율로 쓰지는 않는다. 일반적으로, 다른 기능보다 특정한 기능을 많이 쓴다. 이 네 기능들 중 어떤 기능을 우선적으로 썼느냐에 의해 어린이의 기본 성격이 달라진다. 이를테면 사고력이 뛰어난 어린이와 감성적인 어린이의 성격은 상당히 다를 것이다.

이 네 가지 심적 기능 외에도 의식의 지향을 결정하는 두 가지 태도가 있다. '외향성'과 '내향성'이다. 외향적 태도는 의식을 외적, 객관적 세계로 돌리고 내향적 태도는 의식을 내적, 주관적 세계로 돌린다.

개인의 의식이 타인과 다르게 분화되어 가는 과정을 '개성화'라 부른다. 심리적 발달에 있어 개성화는 중요한 역할을 담당한다. 융은 "나는 '개성화'라는 말을 한 인간이 '개인', '분할할 수 없는 것', 즉 별개로 분할이 불가능한 통일체 또는 '전체'가 되는 과정을 가리키기 위해 쓰고 있다"고 말했다.

가급적 완전히 자기 자신을 아는 데 개성화의 목적이 있다. 즉 '자기의식'이다. 현대 용어에서는 이를 의식의 확대로 부르고 있다.

●　★　▦

융은 자서전에서 "결정적 요인은 늘 의식이다"라고 썼다. 인격이 발달하는 과정에서 개성화와 의식은 늘 보조를 맞춘다. 의식의 시작이 개성화의 시작이기도 하다. 의식이 증가하면 자연스럽게 개성화도 늘어난다. 자기 자신과 주위의 세계에 관해 무의식적 태도를 취하는 사람은 충분히 개성화된 인간일 수가 있다. 의식의 개성화 과정에서 새로운 요소가 생기는데 바로 융이 '자아'라고 부르는 요소이다.

자아는 의식적 지각, 기억, 생각, 감정으로 이루어져 있다. 융은 자아라는 말을 의식적 마음의 구성을 가리키기 위해 쓴다. 정신 전체에서 자아가 차지한 부분은 작지만 의식에 대한 문지기라는 중요한 역할을 맡고 있다. 관념, 감정, 기억, 지각은 자아에게 존재가 인정됐을 때 자각된다. 자아는 대단히 선택적이며 증류 장치와 비슷하다. 많은 심리적 자료들이 그 안에 들어가지만 거기에서 나와 완전한 자각의 수준에 도달하는 것은 적다. 우리는 날마다 수많은 경험을 한다. 그러나 대부분이 자아에게 제거되어 의식에 도달하지 못한다. 이는 중요한 기능이다. 이 기능이 없으면 대량의 자료가 의식에 들어와 제어할 수 없을 것이다.

자아는 인격의 동일성과 연속성을 보증한다. 심리적 자료를 분리하고 선택하는 작업에 의해 개별적 인격의 연속적인 일관성을 유지할 수 있기 때문이다. 자아 덕분에 우리는 오늘의 자신과 어제의 자신을 동일하게 느낀다. 또한 개성화와 자아는 긴밀한 협력 관계를 통해 늘 전진하는 개별적 인격을 발달시키고 있다. 인간은 자아가 경험의 의식화를 허용하는 범위 안에서만 개성화를 이룰 수 있다.

● ★ ■

자아가 의식화를 허용하느냐의 여부는 무엇으로 결정될까? 그것은 상위 기능에 따라 부분적으로 결정된다. 감정적 유형인 사람의 자아는 더욱 많은 정서적 경험의 의식화를 허락할 것이다. 사고적 유형이면 감정보다 이성 쪽이 의식화되기 쉽다. 이는 부분적으로 경험이 자아에게 얼마나 불안을 자아내는지에 따라 달라진다. 불안을 만드는 관념과 기억은 자각―의식―되기 어렵다. 또 부분적으

로 얼마만큼 개성화가 진행되었느냐에 따라 결정된다. 고도로 개성
화된 사람의 자아는 더 많은 경험의 강도에 의해 결정된다. 정도가
약한 경우 자아의 문 앞에서 가볍게 거부를 당하지만 강렬한 경험은
그 문을 부수고서 들어갈 것이다.

자아에게 인정을 얻지 못한 경험들은 어떻게 될까? 정신에서 소멸되지는 않는다. 일단 경험한 바는 소멸되지 않는다. 자아에게 인정받지 못한 경험은 '개인무의식'이라는 곳에 저장된다. 개인무의식은 의식적 개성화 또는 기능과 어울리지 않는 모든 심리적 활동과 내용을 받아들이는 저장소다. 또는 괴로움을 가져다주는 생각, 해결되지 않은 문제, 개인적 갈등, 도덕적 갈등처럼 일단은 의식에서 나오는 경험이지만 여러 이유로 인해 억압되거나 무시를 받은 것들도 있다. 경험한 뒤 중요성이 적거나 관련이 없다고 봄으로써 잊힌 것들도 많다. 정도가 약해서 의식에 도달하지 못하거나 도달해도 머물지 못하는 경험 또한 개인무의식에 저장된다.

개인무의식에 있는 내용들은 필요에 따라 용이하게 의식에 접근할 수가 있다. 몇 가지 예를 들자면, 개인무의식과 자아 사이의 양 교통이 한결 더 분명해질 것이다.

우리는 많은 친구들과 지인들의 이름을 알고 있다. 그 이름이 언제나 의식에 머물러 있는 것은 아니지만 원할 때 떠올릴 수 있다. 개인무의식은 마치 서류 정리 조직이나 기억 은행 같은 역할을 한다.

다른 예를 들면 당시에는 전혀 흥미를 느끼지 않았던 것들을 배우거나 관찰할 때가 있다. 시간이 흘러 그것이 유용해지면 개인무의식에서 호출되어 나온다. 낮에는 주목하지 않았던 경험이 밤에 꿈속에 나타난 경우도 있다. 실제로 개인무의식은 꿈을 형성할 때 중요한 역할을 맡고 있다.

개인무의식이 흥미롭고 중요한 이유는 여러 내용이 무리를 짓고 한데 어울리는 경우가 있다. 융은 이를 두고 '콤플렉스'라고 불렀다. 콤플렉스의 존재가 비로소 드러난 때는 융이 환자를 치료하던 중 언어 연상 실험을 했을 때였다. 이 실험은 피실험자가 일련의 단어를 한번에 하나씩 읽고, 마음에 떠오른 최초의 단어를 대답하도록 되어 있다. 융은 가끔 피실험자가 평소보다 상당한 시간이 걸려 반응하는 경우를 주목했다. 반응을 할 때 긴 시간이 걸린 이유를 물어도 피실험자는 분명히 설명하지 못했다. 융은 시간이 걸린 이유가 무의식적 정서가 반응을 방해했기 때문일 거라 생각했다. 이 문제를 더 자세히 살펴봤더니 반응을 지연시킨 단어와 관계가 있는 다른 단어 또한 반응 시간을 늘리는 것을 알게 됐다. 융은 무의식 속에 감정, 생각, 기억의 연합군—콤플렉스—이 반드시 있을 거라는 결론을 내렸다.

이 콤플렉스에 닿으면 어떤 단어라도 반응하는 데 시간이 길어진다. 더욱 면밀히 콤플렉스를 연구해 보았더니 그것은 인격 전체 속 별개의 작은 인격을 은연중에 나타냈다. 그것은 자립적으로 추진력 또한 있어 우리의 생각과 행동을 매우 강력하게 지배할 수 있다.

융에서 나온 콤플렉스라는 말은 우리의 일상용어로 쓰였다. 저 사람은 '열등 콤플렉스'가 있다거나 돈, 섹스, 젊은 세대에 대해 콤플렉스가 있다고 한다. 거의 모든 분야에서 콤플렉스라는 말이 쓰인다. 대부분 사람이 프로이트가 설명한 오이디푸스 콤플렉스를 안다. 어떤 사람이 콤플렉스가 있다면 그것은 그가 무언가에 몰두하느라 다른 것을 생각하지 못한다는 뜻이다. 심지어 속된 말로 저 사람은 '장애물'을 가지고 있다고 말한다. 콤플렉스가 심하면 당사자는 몰라도 남들은 쉽게 눈치챈다.

융은 '모친 콤플렉스'의 예를 들어 말했다. 콤플렉스가 심해서 지배를 받을 정도인 사람은 어머니가 말하고 느끼는 전부에 민감하게 반응한다. 그의 마음속 중심은 늘 어머니가 차지한다. 장소를 가리지 않고, 어머니 또는 어머니에 관련된 내용이 화제가 된다. 소설, 영화, 사건을 볼 때도 어머니가 많은 역할을 하는 내용에 흥미를 가진다. 어머니날이나 어머니의 생일, 기타 어머니를 칭송할 수 있는 기회가 온다면 그것을 낙으로 삼는다. 제 취향과 어머니의 기호와 흥미가 같으며 어머니를 모방하며 어머니의 친구에게 매혹된다. 같은 또래 여성과 어울리기보다 연상의 여성과 어울리려고 한다. 아이 시절에는 '엄마만 따르는 아들'이며, 어른이 돼도 '어머니에게 꼼짝 못하는 아들'이다.

융이 관찰한 콤플렉스 대부분은 그의 환자가 갖고 있는 콤플렉스였다. 환자의 신경증적 상태와 콤플렉스의 관계가 복잡하게 얽혀 있음을 인식하였다. '사람이 콤플렉스를 가지는 것이 아니라 콤플렉스가 사람을 가진다'는 정신분석요법의 목적은 콤플렉스를 제거하고 환자의 인생을 난폭한 지배자에게서 해방시키는 데 있다.

하지만 융은 그 뒤 콤플렉스가 개인의 적응을 방해하지 않는다는 사실을 발견했다. 오히려 콤플렉스는 뚜렷한 업적을 위해 본질적으로 중요한 영감과 충동의 뿌리가 될 가능성이 있거나 실제로 그러는 예도 있다. 이를테면 예술가가 미에 사로잡혀 걸작을 쓰는 일과 같다. 그는 숭고한 미를 완성하기 위해 수많은 예술작품을 만들어 내고, 기법을 바꾸고 의식을 깊고 넓게 한다. 반 고흐는 말년의 몇 해 동안 예술에 인생을 바쳤다. 마치 귀신에 홀린 사람처럼 그림을 위해서 건강, 마침내는 생명까지도 희생했다. 융은 이 예술가의 '무자비한 창작 충동'에 관해 다음과 같이 말하고 있다.

"그는 보통 사람으로 하여금 인생을 살 가치가 있도록 하는 모든 것과, 모든 행복을 희생시킬 숙명을 짊어진다." 이렇게 완전한 충동 또한 강한 콤플렉스 탓이라 생각해야 한다. 콤플렉스가 약하면 평범하고 하찮은 작품만을 만들거나 어떤 일도 하지 못할 것이다.

어떻게 콤플렉스가 일어날까? 초기의 융은 프로이트의 영향을 받아 콤플렉스의 기원이 아동기 초기의 외적 체험에 있다는 쪽으로 보고 있었다. 이를테면, 아동이 갑자기 어머니와 결별할지도 모른다.

그 때문에 어머니를 상실한 자리를 채우기 위해 '모친 콤플렉스'가 발생할지도 모른다.

　하지만 융은 이 설명만으로는 납득하지 못했다. 그리고 이윽고 콤플렉스는 인간성 내에서 아동기 초기의 체험보다 훨씬 깊은 무엇에서 발생한다고 깨달았다. 융은 더 깊은 무엇에 대한 호기심에 이끌렸고 정신의 또 하나의 수준을 찾아내어 그것을 '집단무의식'이라고 불렀다.

04 집단무의식

융의 콤플렉스 분석은 매우 중요한 가치가 있다. 그가 비교적 젊은 나이에도 불구하고 심리학과 정신의학의 학계에서 이목을 끈 까닭 또한 그 때문이었다. 그가 매사추세츠주의 클라크 대학에서 강연하도록 초대받았던 당시 그의 나이는 약관 33세였다. 콤플렉스의 발견도 중요하였지만 집단무의식의 발견은 훨씬 의미가 깊은 일이며 이를 통해 그는 20세기의 저명한 지식인의 한 사람이 됐다. 또한 논쟁의 화살을 받는 표적이 되기도 했다.

집단무의식의 개념이 중대한 이유는 다음과 같다. 의식의 중심으로서, 자아 및 억압된 정신 내용을 저장하는 창고로서 개인무의식은 새로운 개념이 아니다. 1860년 이래 과학적 심리학이 철학이나 생리학과는 달리 독자적 학문으로 모습을 나타내면서 심리학자들은 의식을 연구했다. 1890년대 프로이트에 의해 무의식 연구가 시작되었다. 융은 이러한 프로이트의 업적을 잘 이해했다.

의식도 무의식도 그 대부분은 경험에서 발생하는 것으로 생각되었다. 프로이트에 의하면 무의식은 아동기의 외적 체험으로 인해 무의식을 형성하였다. 후일 융의 영향 탓인지 프로이트는 이 견해를 수정했지만 어찌됐든 환경에 따라 마음이 결정된다는 입장에서 나와, 진화와 유전이 신체의 청사진을 제공하듯 정신의 청사진도 제공함을 증명한 사람이 융이었다. 심리학 역사에 있어 집단무의식의 발견은 그야말로 획기적이었다.

마음은 그 신체적 상대물인 뇌를 통해 각종 특징을 유전하지만 그 특징들은 당사자가 생활에서 겪는 경험에 반응하는 일뿐만 아니라 경험이 어떤 유형인지도 결정한다. 인간의 마음은 진화에 따라 미리 만들어져 있다. 이처럼 개인은 과거에 연결되어 있다. 자신이 어렸을 때 과거뿐만 아니라 그보다 중요한 일로서 인류의 과거, 나아가서는 생물 진화의 오래전 과거와도 이어져 있다. 이처럼 정신을 진화 과정 가운데 둔 일이 융의 뛰어난 업적이었다.

집단무의식은 융이 대개 '원시적 이미지'라고 부르는 잠재적 이미지의 저장고이다. '원시적'은 '최초' 혹은 '원래'를 뜻한다. 그러므로 원시적 이미지는 정신의 가장 첫 발달 단계와 관련이 있다. 이 이미지를 조상 대대로의 과거에서 물려받는다. 과거 조상은 인간인 조상뿐만 아닌 인간 이전의 동물 조상도 포함하고 있다. 이 민족적 이미지들이 유전된다고 해도 개인이 의식적으로 기억하고 있거나 조상이 지닌 이미지를 그대로 지닌 건 아니다.

오히려 조상과 같이 세계를 경험하며, 세계에 반응하는 소질 또는 잠재적 가능성이다. 이를테면 인간이 뱀에 갖는 공포 또는 어둠에 관한 공포를 생각해 보아라. 뱀이나 어둠을 경험함으로써 공포를 갖게 된다. 이 경험은 공포를 강화시키는 경험이자 재확인하는 경험이다. 우리는 유전적으로 뱀이나 어둠에 대한 공포를 물려받았다. 우리의 아득한 조상들부터 무수한 세대에 걸쳐 공포를 경험했기 때문이다. 따라서 우리의 뇌 속에는 이런 공포가 박혀 있다.

여기서 집단무의식의 기원에 대한 융의 설명을 향한 비판을 지적해야 할 것 같다. 생물학자들 사이에서 진화의 메커니즘에 관해 두 가지 견해가 갈린다. 첫 번째 견해는 이전 세대가 경험하고 배운 바를 미래의 세대에 유전되었기 때문에 새롭게 배우지 않아도 된다. 습관은 본능이 된다. 이를 '획득형질의 이론' 또는 그 제창자의 이름을 따서 '라마르크설'로 불린다. 이 외에 많은 생물학자의 인정을 받고 있는 다른 견해는 진화가 돌연변이라 불리는 배형질의 변화로 인해 일어난다. 돌연변이는 개체가 환경에 적응할 때 유용하며, 생존과 생식의 기회를 크게 만드는 돌연변이는 살아남지만 세대가 바뀌면서 생존, 적응, 생식에 불리한 돌연변이는 사라진다.

안타깝게도 융은 당시 인기 없던 '라마르크설'을 따랐다. 한 세대는 일련의 세대에 학습된 것들, 이를테면 뱀이나 어둠에 대한 공포는 다음 세대로 유전될 수 있다. 하지만 집단무의식의 개념은, 획득형질의 개념으로만 설명할 수 없다. 집단무의식은 돌연변이와 자연

도태에 따라서도 설명할 수 있다. 원시인은 독사의 위험에 노출되어 있었으므로, 뱀의 공포 때문에 그는 물리지 않도록 조심하게 되었을 것이다. 이와 같이 뱀에 대한 공포와 경계심을 일으킨 돌연변이는 인간 생존의 기회를 증가시키므로, 배형질의 변화는 다음 세대에 전해졌을 것이다. 바꿔 말한다면, 집단무의식의 진화는 신체의 진화와 마찬가지로 설명할 수 있다. 뇌가 마음의 중요한 기관이므로 집단무의식은 뇌의 진화에 직접 의존해 있다.

필요에 따라 잠시 위와 같은 고찰을 해 봤으나, 다시 집단무의식의 설명으로 돌아가자.

인간은 태어나면서부터 특정한 방법으로 생각하며, 느끼며, 지각하며, 행동하는 많은 소질을 가지고 있다. 이 소질들 또는 잠재적 이미지의 발달과 표현은 전적으로 개인의 경험에 의지하고 있다. 이미 말했던 것처럼 어떤 공포는, 공포를 느끼는 소질이 이미 집단무의식에서 떠오를 때까지 환경에서 상당한 자극을 필요로 하는 경우도 있다.

집단무의식 내용은 개인의 일정한 원형을 미리 정하는데, 이에 따라 개인은 태어나면서 그것을 따라야 한다. 즉 개인이 태어났을 때 이미 세계의 형태는 잠재적 이미지로서 갖추어져 있다. 잠재적 이미지는 세계 속에 어울리는 대상들과 동일하게 여겨지면서 의식의 실재가 된다.

이를테면 집단무의식 속에 어머니의 잠재적 이미지가 존재해 있으면, 어린이가 그 이미지로 현실의 어머니를 지각함으로써 명확해진다. 이처럼 집단무의식의 내용들은 지각과 행동을 선택해서 결정한다. 우리가 지각하고 반응하는 일이 쉬운 것은 집단무의식으로 선택이 용이해지기 때문이다.

경험치가 축적될수록 잠재적 이미지가 나타내는 기회는 많다. 그러므로 풍부한 경험과 교육 학습의 기회를 통해 집단무의식의 모든 측면을 개성화하고 의식화할 수 있다.

●　★　■

'태고 유형'은 다른 종류의 내용이 그것에 따라 모방하는 최초의 모델을 뜻한다. 즉 집단무의식의 내용을 '태고 유형'이라고 부른다. '원형'도 같은 뜻으로 쓸 수 있다.

융은 인생의 마지막 40년을 태고 유형을 연구하는 데 많은 시간을 썼다. 그가 확인하여 설명한 태고 유형에는 탄생, 죽음, 재생, 마법, 신, 영웅, 권력, 어린이, 사기꾼, 악마, 늙은 현인, 어머니인 대지, 거인, 나무, 태양, 달, 바람 강, 불, 동물과 같은 많은 자연물, 고리나 무기처럼 인공물 등의 태고 유형이 있다.

융은 다음과 같이 기술했다. "인생의 전형적인 장면 수만큼 태고 유형이 있다. 무한 반복되는 과정에 따라 우리 정신적 소질 속에 이 경험들이 새겨졌다. 그것은 내용이 있는 이미지 형식이 아니라, 처음에는 내용 없는 형식이고 어떤 유형의 지각과 행동의 가능성을 표현하고 있을 뿐이다."

그러나 인생 경험의 기억상처럼 발달한 심상이라고 태고 유형을 오해해서는 안 된다. 이는 융의 태고 유형 이론을 바로 이해하기 위한 중요한 점이다. 이를테면, 어머니의 태고 유형은 한 어머니 또는 한 여성의 사진이 아니다. 오히려 경험으로 현상해야 할 음화 같은 것이다. 융은 "원시적 이미지의 내용이 결정되는 때는 그것이 의식적으로 되어 의식적 경험의 자료로 가득해졌을 때뿐이다."

우리의 인격과 행동을 형성할 때 태고 유형은 몹시 중요하기 때문에 융은 각별히 주의를 했다. '페르소나', '아니마'와 '아니무스', '자아'가 그것이다. 이것에 관해서는 뒤에 설명하겠다.

태고 유형은 집단무의식 속에서 각자의 구조를 이루지만 결합을 할 때도 있다. 예컨대, 영웅의 태고 유형이 악마의 태고 유형과 결합되었을 때는 '냉혹하고 잔인한 지도자' 유형의 인간이 생긴다.

또는 마법의 태고 유형과 출산의 태고 유형이 합쳐지면 다소 원시 미개문화에서 볼 수 있는 '번식의 마법사'가 생긴다. 이 마법사는 새 신부에게 번식 의식을 집행해서 그 여자가 출산할 수 있도록 한다. 모든 태고 유형이 온갖 다양한 형태로 결합해서 작용하는 것도 각 개인의 인격이 달라지는 요인 중 하나다.

융은 "태고 유형은 보편적이다. 즉, 모든 사람이 기본적으로 같은 태고 유형 이미지를 유전적으로 이어받는다. 세계의 모든 어린이에게 어머니의 태고 유형이 유전한다. 미리 형성된 어머니의 이미지는 현실 어머니가 출현하여 행동하고 갓난아기가 어머니와 관계를 맺고 경험하면서 명확하게 발달한다. 그러나 개인마다 어머니의 태고 유형에 대한 표현은 더욱 차이가 생긴다. 어머니와의 경험과 육아법은 가족에 따라서는 물론 가족 안의 어린이에 따라도 다르기 때문이다. 그렇지만 또 민족이 분화되면 여러 민족의 집단무의식의 본질적 차이도 나타나게 된다"고 말하고 있다.

앞서 콤플렉스를 논의할 때 그것이 몇 개의 기원으로 생각될 수 있음을 지적했다. 태고 유형 또한 그 속에 들어가야 한다. 실제로 태고 유형은 콤플렉스의 핵심이기 때문이다. 태고 유형은 중심으로서 작용하며 관련이 있는 경험들을 자석처럼 끌어당겨서 콤플렉스를 형성한다. 거기에 경험이 추가되어 충분한 힘을 얻으면 콤플렉스는 의식에 침입할 수가 있다. 태고 유형이 의식과 행동에 표현될 때는 발달한 콤플렉스의 중심이 된 경우뿐이다.

신의 태고 유형에서 '신의 콤플렉스'가 발달하는 경우를 가정해 보자. 집단무의식 속에 존재하던 이 태고 유형도 다른 태고 유형처럼 개인이 세계를 경험함에 따라서 콤플렉스를 형성한다. 이를테면 신의 태고 유형과 관계있는 경험이 붙어 콤플렉스를 형성한다. 콤플렉스는 새로운 자료가 모이면서 더욱 강해지며 결국 의식에 영향력을 행사할 정도가 된다. 신의 콤플렉스가 지배적으로 되면 당사자의 경험과 행동이 여기에 따라 결정된다. 그는 모든 것을 선악의 기준으로 지각하고 판단하며, 악인에는 지옥의 불과 천벌을, 선인에는 영원한 낙원을 설교하고 죄를 많이 지은 자를 비난하며 회개하길 종용한다. 그는 자기를 신의 예언자 아니 신이라고 믿으며 인류가 정의와 구원의 길을 가도록 할 수 있는 사람은 자신뿐이라 생각한다. 이런 사람은 광신자 또는 정신병자로 생각될 것이다. 콤플렉스가 그의 인격 전체를 지배하고 있다. 이 예는 콤플렉스가 극단적이고 끝이 없는 힘을 지닌 경우이다. 이 사람의 '신 콤플렉스'가 인격 전체를 차지하지 않고 인격의 '일부'로서만 작용한다면 그는 인류를 위해 크게 헌신할지도 모른다.

모든 인격에서 중요한 구실을 하고 있는 네 가지 태고 유형을 짚어 보자.

●   ★   ■

본래 '페르소나Persona'는 연극에서 특정한 역할을 위해 배우가 쓰는 칼이다. 인물이라는 '퍼슨Person'과 '퍼스낼리티Personality'도 같은 어원이다. 융 심리학에서도 페르소나의 태고 유형은 같은 목적을 위해 쓰인다. 개인은 페르소나에 따라 자기 자신의 것이 아닌 성격을 표현할 수가 있다. 페르소나는 개인이 공적으로 보이는 가면 내지는 겉보기이며 사회에 좋게 받아들여지기 위해 좋은 인상 주기를 목적으로 한다. 이는 '사회에 순응하는' 태고 유형으로 말할 수 있다.

모든 태고 유형들은 개인과 민족에 유리한 것이어야 한다. 그렇지 않았다면 타고난 인간성의 일부가 되지 못했을 것이다. 생존을 위해서도 페르소나는 필요하다. 우리는 마음에 들지 않은 사람이 있어도 페르소나가 있기 때문에 우호적으로 잘 지낼 수 있다.

사회생활과 공동생활의 기본이자 개인의 이익과 업적을 가져올 수 있다. 이를테면, 대기업에 취직한 젊은이를 생각해 보자. 다른 사람보다 앞서기 위해서 그는 어떤 역할이 기대되고 있는가를 알아야 한다. 아마 몸가짐, 옷차림, 예절 등의 개인적 특징이 들어갈 것이다. 아마도 그가 갖는 정치적 의견, 주위 이웃, 자동차, 아내 등 기타 회사의 이미지를 위해 중요하다고 여겨질 여러 가지가 포함될 것이다. 속담에도 있듯 카드 뽑기를 틀리지 않으면 게임에서 이길 수 있다. 물론 일을 성실히 완수할 줄 알고 책임감이 있으며 의지도 강한 사람이어야 한다. 그런데 이 성질들도 결국 페르소나의 일부이다. 회사에서 이미지화된 가면을 쓰지 못하는 사람은 승진 명단에서 빠지거나 실직할 것이 틀림없다. 페르소나의 또 하나의 이점은 그것이 가져오는 물질적 보수를 더 만족스러운, 더 자연스러운 사생활을 누리기 위해 사용할 수 있는 데 있다.

회사원은 하루 8시간 동안 회사에서 가면을 쓰고 있지만 직장에서 나온 순간 그것을 벗어 버리고, 더 큰 만족을 위한 활동에 임할 수 있다. 이 점과 관련해서 저명한 작가 프란츠 카프카가 생각난다.

그는 낮에는 성실하게 상해보험국에서 일하고, 밤에는 저술과 문화적 활동에 집중했다. 근무에 대한 스트레스를 여러 번 호소했지만 그의 상사는 착실히 일하는 카프카의 모습만 보았기 때문에 그런 감정을 느끼고 있는지 전혀 몰랐다. 많은 사람이 페르소나에 지배된 생활과 심리적 욕구들을 채우는 생활로 이중생활을 한다.

하지만 그 이상의 가면을 쓰는 사람도 많다. 직장에서 쓰는 것과 다른 탈을 가정에서 쓸지도 모른다. 골프장에 가거나, 친구와 포커를 하고 있을 때도 제3의 가면을 쓸 수 있다. 그리고 그 모든 가면을 총괄한 것이 그의 페르소나이다. 다른 장면에서는 다른 식으로 순응할 따름이다. 물론 그전부터 순응이 사회생활의 중요한 요인임이 인정되었지만 타고난 태고 유형의 표현이라 주장하는 사람은 융 이전에는 없었다.

인격에서 페르소나의 역할은 이점도 있지만 단점도 있다. 개인이 자기가 하고 있는 역할에 지나치게 빠지거나 사로잡혀 자아와 그 역할을 동일하게 여길 경우 인격의 다른 측면이 약해질 것이다. 이처럼 페르소나에 압도된 사람은 본성에서 소외당하게 되며, 지나치게 발달한 페르소나와 미발달된 인격의 갈등 때문에 긴장 상태 속에서 살게 된다. 자아가 페르소나와 동일화하는 것은 '팽창'이라고 불린다. 또 한편, 훌륭하게 제 역할을 한다고 생각해 자만한다. 강요하기 좋아하며 이 역할을 남에게 투사하여 같은 역할을 하도록 종용한다. 권위 있는 자리에 앉으면 지배 아래 있는 사람들의 생활을 비참하게 만든다. 부모 중에 자기의 페르소나를 자녀에게 투사하는 경우가 있는데 결과는 불행하다. 개인의 행위에 관한 풍습과 법률은 집단적인 페르소나의 표현이며 개인의 욕구를 억압하며 획일적 기준을 집단 전체에 적용시키려 한다. 따라서 페르소나의 지나친 팽창은 정신건강에 위험하다.

다른 한편, 페르소나가 지나치게 발달한 사람은 기대하는 수준에 도달하지 못할 때 열등감과 자책감에 몰리기도 한다. 그 결과 공동사회에서 소외되었다고 느끼며 고독감과 소외감을 가진다.

융은 팽창한 페르소나의 영향을 연구할 기회가 많았는데 그가 치료하는 환자의 대부분이 그 희생자였기 때문이다. 그들 중 큰 업적을 쌓은 사람도 있었지만 인생의 허무함을 깨달았던 것이다. 분석을 받고 난 그들은 지금껏 몰랐던 자기의 기분과 관심에 대해 알았다. 수년 동안 자기를 속이고 위선적이었던 점, 흥미가 없던 일에도 흥미가 있는 체하던 점을 이해하기 시작했다. 팽창한 페르소나의 위기가 절정에 이르렀을 때는 이미 중년이 되고 만 경우가 많았다. 물론 치료의 목표는 정해져 있다. 페르소나를 작게 해서 당사자의 본성의 다른 부분에 표현의 자리를 주는 일이 필요하다. 이는 오랫동안 자신과 페르소나를 동일화시킨 사람에게는 어렵다.

팽창한 페르소나에 관한 논의에서 알 수 있듯이, 당사자의 정신적 건강을 위해서는 무의식적 위선자이기보다 의식적 위선자가 나으며 자기를 속이는 일보다 남을 속이는 일이 더 낫다. 물론 이상적 형태는 어떤 종류의 위선이나 속임을 쓰지 않는 것이다. 그러나 이는 인간 존재에 있어 하나의 사실이며, 어떤 형식을 빌려서든 표현되어야 한다. 물론 신중한 표현이 바람직하지만 말이다.

● ★ ■

융은 페르소나를 정신의 '겉면'이라고 불렀다. 이것이 세계를 향해 있는 얼굴이기 때문이다.

반면 정신의 '내면'을 남성의 경우 '아니무스'라고 불렀다. '아니마'의 태고 유형은 남성적인 정신에서 여성적인 한 측면이며, 아니무스의 태고 유형은 여성적인 정신에서 남성적인 한 측면이다. 생물학적으로도 모든 사람은 성별에 관계없이 남성호르몬과 여성호르

몬을 분비한다는 이성의 성질이 있다.

남성은 여러 세대에 걸쳐 여성에게 계속 드러나면서 아니마의 태고 유형을 발달시키고, 여성은 남성에게 드러나면서 아니무스의 태고 유형을 발달시켰다. 수 세대에 걸쳐 함께 생활하고, 서로 영향을 주고받으면서, 이성에게 적절히 반응하며, 이성을 이해하는 데 쓸모 있는 이성의 특징들을 획득했다. 이처럼 아니마와 아니무스의 태고 유형은 페르소나의 태고 유형과 마찬가지로 생존을 위해 큰 가치가 있다.

만일 인격이 곧바로 적응해서 균형을 조화롭게 유지하면 남성 인격의 여성적 측면과 여성 인격의 남성적 측면은 의식과 행동에 나타났을 것이다. 그러나 남성이 남성적 측면만을 나타내면, 여성적 특징은 무의식에 머물고, 제대로 발달되지 못해 원시적 상태로 남는다. 그래서 무의식은 허약해지고 과민해진다. 다시 말해서 상당히 남성답게 보이며, 남성스럽게 행동하는 남성의 내면이 약하고 복종하는 특징을 보이는 이유는 그 때문이다. 또 외적 생활에서 지나치게 여성스러운 여성은 남성의 외적 행동에서 자주 볼 수 있는 완강함과 고집스러운 성질을 무의식적으로 가지고 있다.

융이 말하길 "모든 남성은 자기 속에 영원한 여성상을 가지고 있다. 특정한 여성의 이미지가 아닌 일정한 여성상이다. 이 이미지는 기본적으로 무의식적이면서 남성의 살아 있는 유기 조직에 각인된 원시적 기원의 유전적 요인이다. 모든 조상의 여성 경험의 흔적 혹은 태고 유형으로 말하자면 인상의 침전물로 일찍이 여성에 의해 만들어졌다. 이 이미지는 늘 무의식적으로 연인에게 투사돼 정열적 매력을 느끼거나 혐오감을 느끼는 중요 원인 중 하나이다."

즉 남성은 유전적으로 여성상을 갖고 있으며 무의식적으로 일정한 규정을 만들고 그 영향 탓으로 특정 여성을 받아들이거나 거부한다.

아니마의 최초 투사는 늘 어머니에 대해 행해지며, 아니무스의 최초 투사는 아버지에 대해 행해진다.

뒤에 남성은 긍정적 혹은 부정적 감정을 불러들인 여성에게 아니마를 투사한다. 남성이 '정열적 매력'을 느꼈을 때는 남성 아니마상과 그 여성이 동일한 특성이 있기 때문이다. 반대로 남성이 '혐오감'을 느낀다면 그의 무의식적 아니마상과 여성이 모순되는 특징이 있어서다. 여성이 아니무스를 투사하는 경우도 마찬가지로 볼 수 있다.

남성이 어떤 여성에게 반하는 데는 다양한 이유가 있지만 이는 2차적인 것에 지나지 않는다. 1차적인 이유는 바로 무의식속에 있다. 남성은 자기의 아니마상과 모순되는 여성들과 관계를 가지려 애를 써도 어쩔 수 없이 불만과 반복으로 끝난다.

융이 말하는 바에 의하면, 아니마는 여성 속 공허하고, 고독하고, 불확실한 모든 것에 대해 미리 정해진 기호가 있다. 아니무스는 영웅적, 지적, 예술적 또는 활동적 성향이 있는 남성과 동일화하려고 한다.

앞서 말한 바와 같이, 팽창한, 지나치게 발달한 페르소나로 인해 피해를 보는 사람이 많이 있다. 아니마나 아니무스의 경우는 그 반대인 경우가 많다. 이 태고 유형들은 때로는 위축되거나 발달이 덜 된 상태이다. 이런 차이 중 한 이유는 서양 문명이 순응하는 데 가치를 높게 평가하고 남성 속의 여성스러움과 여성 속의 남성스러움을 경멸하는 데 있다. 이 경멸은 계집아이 같은 소년(뱅충이)과 머슴애 같은 소녀(말괄량이)가 놀림감이 되는 아동기 시절에서 비롯된다. 소년은 문화적으로 규정된 남성의 역할, 소녀는 여성의 역할에 충실히 따르도록 기대받는다. 그래서 페르소나가 윗자리에 서서 아니마나 아니무스를 질식시킨다.

페르소나와 아니마 또는 아니무스와가 불균형을 이룰 때 아니마와 아니무스의 반란이라는 결과가 생길 수 있다. 이때 개인은 과하게 반응하여 젊은 남자가 아니마를 강하게 만들어 남성스럽기보다 여성스럽게 될지도 모른다. 여장을 하려는 남성, 나약한 동성애자 중에서 이 범주에 들어가는 사람이 있다. 남성이 아니마와 동일화되면 외과 수술 혹은 호르몬 요법을 이용해 육체적으로도 여성이 되려할지도 모른다. 젊은 여성이 아니무스와 완전히 일치하면, 여성스러운 특징은 사라지고 남성처럼 보일지도 모른다.

●　★　■

앞서 말한 것처럼 아니마 또는 아니무스는 이성에게 투사된다. 아니마 또는 아니무스에 의해 남성과 여성의 관계가 결정된다. 동성인 사람과 관계에 영향을 끼치는 다른 태고 유형도 있는데 융은 이것을 '그림자'라고 불렀다.

그림자는 다른 태고 유형보다도 기본적이고 인간의 동물적 본성을 많이 갖고 있다. 그림자는 진화의 역사 속에 깊은 뿌리를 두고 있기 때문에 모든 태고 유형 중에서 가장 강한 힘을 갖고 있으며, 잠재적으로 가장 많은 위험을 내포하고 있을 것이다. 특히 동성의 타인과의 관계에서 그림자는 인간 최선의 것과 최악의 것의 근원이다. 인간이 공동사회에 적응을 하고 일부가 되기 위해서는 그림자에 내포된 동물적 정신을 길들일 필요가 있다. 그림자와 관련된 성질을 누르고 그림자의 힘에 대항할 수 있는 강한 페르소나를 키움으로써 길들일 수 있다. 자기 본성 속 동물적 성향을 억누르는 사람은 문명인이 되겠지만, 대신 자발성, 창조성, 강한 정서, 깊은 통찰력이 줄어드는 대가를 치른다. 그는 본성이 갖는 지혜를 잃는데 이 지혜는 후천적 학습이나 교양으로 얻을 수 있는 지식보다 더 깊은 지혜인지도 모른다. 따라서 '그림자' 없는 생활은 무기력해지고 천박해지기 쉽다.

하지만 그림자는 끈질긴 면이 있다. 억압을 받았다고 해서 그리 간단하게 굴복하지 않는다. 이 점은 다음 예로 살펴보자.

한 농부가 시인이 될 것이라는 영감을 받는다. 영감은 언제나 그림자의 작용이다. 그때 농부는 농부로서의 페르소나가 강하기 때문에 이 영감을 실행할 수 있다고 여기지 않으며 생각도 않는다. 그러나 그림자는 끈질긴 압력으로 그를 못살게 군다.

어느 날, 마침내 그는 굴복하여 농사일은 관두고 시를 쓰기 시작한다. 2차적 사정 또한 그 결심을 부추겼겠지만 그림자의 영향력이 가장 강했다. 그림자는 몇 번을 거절당해도 포기하지 않고 그 생각을 주장했을 것이다. 2차적 사정마저도 주로 그림자의 작용에 따른 것인데 그림자가 그 기초를 쌓았다. 이런 뜻에서 그림자는 중요한 가치가 있는 태고 유형이다. 개인에게 있어 그림자의 생각이나 이미지는 유리한 것이 될지도 모른다. 개인은 그림자의 지독한 끈기로 인해 더 만족할 수 있는 창조적 활동 속에 몰아넣는다.

개인은 자아와 그림자가 훌륭히 조화를 이룰 때 생기와 활력이 충만함을 느낀다. 자아는 본능에서 시작된 모든 힘을 방해 없이 통과시킨다. 의식은 넓어지며 심적 활동은 활발해지고 건상하다. 단순히 심적활동만이 아니라 신체적으로도 활기가 넘친다. 그러므로 창조적 인간이 동물적 정신으로 가득 메워진 모습으로 보이는 일은 자연스럽다. 그 때문에 세상 사람들은 그를 괴짜로 여기고 천재 혹은 광기와 관계가 있다는 설은 어느 정도 신뢰가 있다. 매우 창조적인 사람의 그림자는 때로는 자아를 압도하기 때문에 잠시 이성을 잃고 발광하는 것처럼 보인다.

그림자 속에 존재한 '나쁜' 또는 '고약한' 요소는 어떻게 되는지를 생각해 보자. 의식에서 나쁜 요소를 보내면 일단락되는 것으로 판단할지도 모른다. 사실은 그렇지가 않다. 무의식 속으로 나쁜 요소가 잠시 도망을 갔을 뿐, 의식적 자아 속에서 모든 일이 순조롭게 될 때도 여전히 무의식 속에 잠재해 있다. 만일 위기가 발생하거나 어려운 환경에 부딪히면 그림자는 그 틈을 타서 자아에 영향력을 행사하려고 한다. 강박적인 알코올 중독 환자가 습관을 극복한 예를 생각해 보자.

알코올 중독이 완치됐다고 생각할 때 그가 알코올 중독이 된 이유는 무의식 속으로 밀려나 다시 나올 기회를 노린다. 그리고 그가 혼자서는 견딜 수 없는 불행한 외부 장면 또는 갈등이 있는 장면을 만나면 그 기회가 생긴다. 그림자는 자아가 약해짐으로써 저항을 받지 않고 나오기 때문에 알코올 중독으로 되돌아간다. 인내력이 강한 그림자는 결코 굴복하는 일이 없다. 그림자의 끈질김은 나쁜 일을 하도록 유혹할 때도 좋은 일을 권할 때에도 마찬가지다.

그림자가 사회에 의해 강하게 억압을 받거나 배출할 수 있는 방법을 알지 못하면 때로는 비참한 결과가 발생한다. 1918년 제1차 세계대전이 끝났을 때 융은 "우리 속에 살고 있는 동물은 억압을 받을수록 더욱 포악해질 뿐이다" 하고 말했다. 그는 계속해서 다음과 같이 말했다. "기독교처럼 죄가 없는 백성들의 피로 얼룩진 종교가 없으며, 세계사에서 기독교 국가의 전쟁처럼 피비린내 나는 전쟁이 일찍이 없었던 까닭은 여기에 있다."

이런 논의에서 알 수 있듯 기독교의 가르침은 그림자에 억압된 태도를 가진다. 더욱이 피비린내 났던 제2차 세계대전, 그리고 그 뒤의 수많은 전쟁에서도 같은 발견을 할 수 있다. 억압된 그림자는 전쟁들, 그 외 역사상의 무수한 사건에서 반격함으로써 수많은 국민들을 끝없는 유혈 사태로 끌어들였다.

전술한 바 있지만 그림자는 개인의 동성과의 관계를 결정짓는다.

그림자가 자아에 받아들여져 정신 속에 조화롭게 속해 있는지 또는 자아에 쫓겨나 무의식 속으로 숨어 있는가에 따라 동성과 우호 관계일지 적대 관계인지 달라진다.

남성은 퇴짜 맞은 그림자의 충동을 남성에게 투사하기 쉽다. 그 때문에 남성 사이에서 나쁜 감정이 자주 생긴다. 여성의 경우도 마찬가지다. 그림자는 기본적이고 정상적 본능을 포함하며 생존을 위한 현실적 통찰과 적절한 반응의 원천이다. 이러한 특징은 개인이 필요할 때 매우 중요한 역할을 한다.

이따금 우리는 단호한 결단력 혹은 반응을 보여야 하는 상황에 직면할 때 망설인다. 하지만 가장 적절한 반응이 무엇인지 생각할 겨를이 없다. 이런 경우 자아는 갑작스러운 상황에 충격을 받아 멍해진다. 그래서 무의식, 즉 그림자가 독특한 방법으로 상황에 대처한다. 그림자가 개성화되어 있으면, 위협과 위협에 대한 그림자의 반응은 매우 효과적일 것이다. 그렇지만 그림자가 억압을 받고 분화되지 못하면 본능의 큰 파도가 밀려와 더욱 자아를 누름으로써 개인은 무너지고 만다.

즉 그림자의 태고 유형은 인간의 인격에 충실한 3차원적 특징을 준다. 인간의 생명력, 창조력, 활기, 힘 등이 이 본능에서 나온 것이다. 만일 그림자를 거부하면 인격은 무미건조하게 된다.

● ★ ■

융 심리학에서 인격의 전체 또는 '정신'의 개념은 중요한 특성이다. 이 전체성은 정신에 대해 지적했던 것처럼 조각을 모으듯 여러 부분을 모아서 만들어지지 않는다. 성숙하기까지 시간이 걸리나 원래부터 있었다. 인격의 조직 원리가 융이 '자기'라고 부르는 태고 유형이다.

태양계의 중심이 태양이듯, 집단무의식 속 중심을 차지하는 태고 유형은 자기다. 자기는 질서, 조직, 통일의 태고 유형이다. 자기는 모든 태고 유형들과 콤플렉스 및 의식 속의 태고 유형의 표현 형태를 끌어당겨서 조화시킨다. 자기는 인격를 통일하고 거기에 '일체성'과 불변성의 감각을 준다.

어떤 사람이 자기 자신과 세계가 조화를 이루는 것처럼 느낀다고 말한다면 자기의 태고 유형이 그 역할을 효과적으로 한다는 뜻이다. 반대로, 활기가 없고 불만족스러우며 갈등이 심각해져 '붕괴할 것 같다'고 느끼는 경우라면 이는 자기가 그 일을 훌륭히 하지 않는다는 뜻이다.

모든 인격의 가장 큰 목표는 자기실현을 달성하는 데 있다. 이는 복잡하고 어려운 문제이므로 완전히 달성한 사람이 드물다. '예수'와 '석가모니' 같은 위대한 종교적 지도자는 이 목표 가장 가까운 곳까지 근접했다. 융은 인간이 중년이 될 때까지도 태고 유형이 드러나지 않는다고 지적했다. 인격이 개성화를 거쳐 충분히 발달해야만 자기가 어느 정도 완전히 나타날 수 있기 때문이다.

자기실현을 달성하느냐 여부는 자아의 협력에 크게 달려 있다. 자기의 태고 유형의 메시지를 자아가 무시한다면 자기에 대한 평가와 이해는 이뤄질 수 없다. 모든 것이 의식적으로 이루어지지 않으면 인격을 개성화하는 효과는 없다.

꿈의 분석에 따라 자기 인식에 접근할 수가 있다. 더욱 중요한 점은 진정한 종교적 체험에 따라 자기를 이해하고 실현할 수 있다는 것이다. 이를 테면 동양인은 요가의 명상처럼 자기에 달성하는 의식적 수업에 따라 서양인보다도 쉽게 자기를 지각할 수 있다. 융이 종교에 대해 설명할 때 이는 정신적 발달을 언급하는 것이지 초자연적 현상을 언급하는 것은 아니다.

자기를 인식하는 일은 완전한 자기의 실현을 이룩하는 일에 선결돼야 한다고 융은 강조했다. 자기인식은 자기실현에 이르는 길이다. 이를 구별하는 일은 중요하다. 자신에 대해서는 조금도 모르면서 자기 힘을 충분히 발휘하는 사람이 많기 때문이다. 그들은 즉각적인 완성을, 즉 짧은 시간 안에 완전한 자기실현을 이루는 인간이 되는 기적을 바란다. 그러나 이 일은 인간이 인생에서 겪게 되는 일 중 가장 어려운 일이며 끊임없는 단련과 쉼 없는 노력, 높은 책임과 지혜를 필요로 한다.

무의식적인 것을 의식적으로 만듦으로써, 인간은 자기 자신의 본성과 균형을 이룬 삶을 누릴 수 있으며 초조함과 욕구불만을 느끼는 경우도 적을 것이다. 이는 자신의 무의식 속 기원을 인식하기 때문이다. 자기의 무의식을 모르는 사람은 무의식에서 억압된 요소를 남에게 투사한다. 즉, 자신의 결점을 모르는 채로 남에게 책임을 전가하고 비판하고 따진다. 이 투사는 무의식임을 자각하면 명확히 드러난다. 이때는 비난과 냉소를 위해 타인들 속에 피해자를 찾지 않아도 된다. 그의 인간관계는 좋아지고 타인은 물론 자신과도 조화를 이룬다고 느낀다.

자기의 태고 유형은, 외적인 의식적 자아와 전혀 다른 내적인 안내자다. 자기는 인격을 규정하고 조절하며, 이를 좌우할 수 있는 능력을 가져야 한다. 동시에 인격을 성숙하게 한 뒤 그 지각 능력을 높일 수가 있다. 인간은 자기 발달을 통해 일상을 더욱 잘 지각하고 파악하며 이해하며 지배하는 힘을 갖게 된다.

융의 집단무의식 연구에서 자기의 태고 유형 개념은 가장 중요한 가치를 갖는 성과이다. 그는 다른 모든 태고 유형에 관한 연구와 저작 활동을 끝낸 뒤 자기의 태고 유형을 발견했다. 그러고는 "……'자기'는 인생의 목표이다. 자기는 우리가 개성이라 부르고 있는 운명적 통일체의 가장 완벽한 표현이기 때문이다"라고 결론을 내렸다.

융의 구조적 개념에 대해 일일이 논의하면 각자 관계가 없이 별 개의 것처럼 보일지도 모른다. 그러나 실은 그 개념들 사이에는 많은 상호작용이 이뤄진다. 융은 세 가지 상호작용에 대해 말했다. 한 구조가 다른 구조의 결점을 보상하는 경우, 한 구조가 다른 구조와 대립하는 경우, 둘 또는 그 이상의 구조가 합쳐져서 '종합'을 이루는 경우이다.

외향적 태도와 내향적 태도는 대조적 보상의 한 예이다. 외향적 태도가 의식적 자아의 우위를 점할 경우, 무의식은 억압된 내향적 태도를 발달시킴으로써 보상을 한다. 즉 어떤 일에 부딪혀 외향적 태도가 좌절했을 경우, 무의식의 밑에 깔려 있던 내향적 태도가 나옴으로써 표현한다. 대개 극심한 외향적 행동의 시기가 지나면 내향적 행동 시기가 오는 것은 그 때문이다. 무의식은 언제나 인격 체계 속 약한 곳을 보상하려고 한다.

기능과 기능 사이에도 보상이 이루어진다. 의식적으로는 직감유형, 감각유형이다. 남성의 자아와 아니마, 여성의 자아와 아니무스는 서로 보상하는 관계이다. 대개 여성의 자아는 여성적, 아니무스는 남성적이다. 일반 남성의 자아는 남성적, 아니마는 여성적이다. 대립하는 요소 사이에서 보상의 원리는 일종의 안정 혹은 균형을 가져오며, 정신이 신경증적으로 불균형해지는 일을 막는다.

입장이 어떻든, 속한 파가 어떻든 대개 인격 이론가들은 사실상 인격에는 대립하며 정반대를 이루는 경향들이 포함되었음을 가정한다. '융'도 마찬가지다. 갈등하는 요소들이 긴장 상태가 될 때 그 긴장은 생명의 본질 그 자체이므로 심리학적 인격 이론은 대립 또는 갈등의 원리 위에 세워져야 한다고 생각했다. 긴장이 없으면 에너지가 없고, 나아가서는 인격도 없는 것이다.

인격의 모든 곳에 대립은 존재한다. 페르소나와 그림자 사이에도 내향성과 외향성이 대립하고 생각은 감정과 대립하고 감정은 직감과 대립한다. 자아는 사회의 외적 요구와 집단무의식의 요구 사이에서, 저쪽에서 이쪽으로, 반대로 튕겨지는 탁구공과 비슷하다. 남성 속의 여성은 남성 속의 남성과 대립하며, 여성 속의 남성은 여성 속의 여성과 대립한다. 정신 속 합리성과 불합리성의 대립은 끝이 나지 않는다. 인생의 곳곳에서 갈등을 볼 수 있다. 이 갈등들이 인격의 붕괴로 이를지, 또는 참아서 견딜 수가 있는지가 중대한 갈림길이다. 전자의 경우에, 당사자는 노이로제나 정신병의 노예가 되어 미치거나 거의 미친 것처럼 된다. 그러나 갈등을 어떻게든 참아서 견딜 때는 이 갈등은 창조적 성과를 내는 데 원동력이 되어 행동에 활기를 준다.

인격은 언제나 내분을 일으키는 분열 상태로 있어야만 하는가? 이 의문에 대해 융은 늘 대립물의 통일이 있을 수 있다고 판단했다. 융의 저서에서 넓게 퍼져 있는 주제이다. 그는 반복해서 대립물이 통일되는 여러 가지 경우를 설명한다. 융이 말하는 '초월적 기능'에 따라 대립물의 통일은 이뤄진다. 이 기능으로 균형 잡힌 통일적 인격의 형성이 가능해진다.

　이것으로 융의 창조적 개념들에 관한 설명을 끝내기로 한다. 융의 논의에 따르면, 인격은 무수히 복잡한 구조로 되어 있음을 알 수 있다. 인격에는 수많은 요소, 즉 태고 유형과 콤플렉스가 있을 뿐만 아니라, 이 요소들 사이의 상호작용도 복잡하여 이리저리 뒤섞여 있다. 그렇지만 깊이 생각하는 사람은 인격을 단순한 구조로 생각하지 않는다. 융의 구조적 개념들은 인간 마음의 모든 상태와 작용이 뭉친 덩어리에 질서를 주려고 한다.

　인격의 갖가지 요소들이 각 개인 존재에 어떻게 표현되는가를 이해하고자 하면 문제는 복잡해지고 어려워진다. 그 이유는, 판단을 할 때 어떤 시점에서 여러 요소와 섞이면서 시간을 초월해서 발생하는 힘도 고려 요소이기 때문이다. 일단 정신은 묘사하면 그것으로 끝나는 바위나 나무처럼 고정된 사물이 아니다. 끊임없이 변화하는 생동적인 체계이다.

CARL GUSTAV JUNG

제2장
인격의 활동

에너지는 앞 장에서 설명한 인격 구조들의 활동을 위해서는 반드시 필요하다. 이 에너지는 어디서 오는가? 어떤 성질을 갖고 있으며 어떻게 이용되는가? 다양한 인격의 구조 사이에 어떻게 분배되는가? 이 장에서는 이 문제들에 대해 논의하기로 하겠다.

01 상대적 폐쇄 체계

융은 '상대적 폐쇄 체계'를 말했는데 이는 인격 전체 또는 정신을 일컫는다. 상대적 폐쇄 체계는 그 자체로 독립한 단일 체계로 즉 다른 에너지 체계와는 별개이며, 어느 정도 자기충족적 에너지 체계로서 취급해야 한다는 뜻이다. 정신은 에너지를 얻을 때 신체를 포함해서 외적 근원에서 받지만 일단 에너지가 받아들여지면 정신에만 속하게 된다. 즉 받아들인 에너지의 쓸모는 외적 근원의 성질이 아니라 정신이라는 기존 에너지 체계가 결정한다. 정신은 외적 근원에서 새로운 에너지를 받아들이는 출입문을 빼면 외부 세계와 차단되어 있는 영역이다.

외적 근원으로부터의 에너지는 우리의 시각, 청각, 후각, 촉감, 미각으로 얻는 사물에서 나온다. 우리가 먹는 음식물이 몸의 항상

성을 유지하듯 이 감각들이 끊임없는 자극의 시작이 되어 정신의 활동을 촉진시킨다. 정신체계는 안정성에 상대적으로 도달할 수 있을 뿐이다. 외적 환경과 신체로부터의 자극이 들어오면 에너지는 재분배되고 끊임없이 이동한다. 만일 외부로부터 간섭 없이 정신이 완전히 폐쇄됐다면 완전한 균형 상태에 도달할 수 있을 것이다. 이 경우, 정신은 새로운 물이 들어오지 않는 수면이 평안한 연못과 같은 상태이다.

만사가 순탄하게 풀리는 상황에서 예상하지 못한 사건이 일어나 균형이 깨지는 경험은 누구나 해 봤을 것이다. 사소한 자극도 안정된 정신 상태에 커다란 영향을 끼칠 수 있다. 이 점에서 보이듯 문제는 보충된 에너지의 양이 아니라 그 에너지가 정신 속에서 발생시키는 교란 효과이다. 교란 효과는 체계 안의 에너지가 재분배되면서 일어난다. 총알을 장전한 총의 방아쇠를 당기면 큰 참사가 일어난다. 마찬가지로 정신이 불완정한 상태에서 아주 적은 에너지가 발생하면 당사자의 행동에 큰 변화가 일어난다. 예를 들어 아무 것도 아닌 한 마디도 듣는 사람에 따라 과격한 정서 반응을 불러올 수도 있다.

융은 개인이 예상하지 못한 사태들에 모두 대비할 수 있다고 판단하는 일은 어리석다고 말했다. 정신 속에 새로운 경험이 몰려들면 그 균형은 무너진다. 융은 다시 균형 상태로 만들기 위해서는, 정기적으로 명상에 잠기는 일이 좋다고 주장한다. 명상은 자기 안으로 깊이 몰입함으로써 외부 세계를 몰아내고 문을 닫는 방법 중 하나다. 완전하며, 영속적으로 몰아내는 일은 더 철저하지만 실현이 어렵다. 이런 병은 자폐증 또는 긴장병으로 알려져 있는데 이런 환자들은 사실상 모든 자극에 무감각하다.

그러나 한편, 자극이나 새로운 경험도 필요하다. 새로운 경험을 얻지 못해 단조로운 생활이 반복되면 권태와 무기력에 빠진다. 이런 경우에는 외부 세계로부터의 자극은 정신이 활기차게 만들어 주며 쾌활하고 강한 기분을 느끼게 할 것이다. 만약 정신이 완전히 열려 있으면 혼돈이 있을 것이고, 완전히 닫혀 있으면 정신은 침체할 것이다. 인격은 건전하고 안정될 때 이 두 극단의 중간 지점에서 일한다.

'정신 에너지'는 인격이 일하기 위하여 사용되는 에너지를 말한다. 융은 이 에너지를 나타내기 위해 '리비도'라는 말도 썼는데 프로이트의 '리비도'와 같이 생각해서는 안 된다. 융은 프로이트처럼, 리비도를 성적 에너지에 한정하지 않았다. 이것이 바로 두 사람 이론의 본질적 차이 중 하나다. 융에 따르면 자연 상태의 리비도는 욕망—허기짐, 갈증, 성적 욕구 및 정서—이다. 의식에서 리비도는 노력하기, 소망하기, 바라기라는 형태로 표현된다.

물리 에너지처럼 정신 에너지도 하나의 형식이지만 공식에 의해 양적으로 측정하기는 불가능하다. 예를 들면 방사선은 라드, 전기는 볼트로 측정되지만 정신 에너지는 심리적 작업을 수행하는 현실적 또는 잠재적 힘의 형식으로 표현된다.

생리학적 활동에 호흡, 소화, 땀이 있듯 생리학적 지각, 생각, 기억, 감정, 소원, 의지, 노력, 기대는 심리학적 활동이다. 인격의 잠재적 힘은 소질, 잠재적 경향, 성벽 등이다. 이 잠재적 힘들은 언제든지 현실적인 힘이 될 수 있다.

전술한 바와 같이 정신 에너지는 당사자의 경험에서 비롯된다. 음식물이 몸에서 소화되어 생물학적 에너지 또는 생명 에너지로 바뀌듯이, 경험은 정신에서 소화되어 정신 에너지로 바뀐다.

뇌에 물리적 충격을 받은 경우처럼 드문 일을 제외한다면 정신은 몸과 마찬가지로 이 활동을 늘 인식하지는 않지만 활동은 계속되고 있다.

이를테면 꿈은 일부밖에 기억할 수 없지만 최근 연구에서 우리는 밤 동안 계속 꿈을 꾸고 있음이 밝혀졌다. 정신이 끊임없이 활동하고 있다는 이 견해를 그대로 납득하기는 어렵다. 정신 활동을 의식 활동과 같이 보는 의견도 팽배하기 때문이다. 프로이트처럼 융도 이 오해를 논리적으로 반박했지만 이에 대한 논박은 오늘날까지 남아 있다.

융은 과학적으로 신체 에너지와 정신 에너지 사이에 동등한 관계가 있음을 증명하기 어렵다고 지적한다. 하지만 이 두 에너지 체계 사이에 상호작용이 있다고 생각한다. 다시 말해서, 정신 에너지는 신체 에너지로 바뀌고, 신체 에너지는 정신 에너지로 바뀐다. 예를 들어 신체에 화학 효과를 일으키는 약품이 심리적 기능의 변화도 일으킴은 분명하다. 생각과 감정은 생리학적 기능에도 영향을 준다.

이것이 정신신체의학을 세우는 기본 체계이다. 융은 의학에서 새로운 사상의 선구자 중 한 사람이라 할 수 있다.

절대 가치와 상대 가치

　융의 역학적 개념 중 가장 중요한 개념은 '가치'의 개념이다. 가치는 특정 정신요소에 맡겨진 에너지양의 척도이다. 어떤 관념 또는 감정에 높은 가치가 있다는 것은 당사자의 행동을 결정하고 지배하는 데 큰 힘이 있다는 뜻이다. 아름다움에 높은 가치를 두는 사람은 주위에 아름다운 것을 두고 아름다움을 찾을 수 있는 곳으로 여행하고 아름다운 예술작품을 만드는 일에 많은 에너지를 쓸 것이다. 그러나 높게 평가하는 가치가 아름다움에 있지 않은 사람은 이런 종류의 일을 전혀 하지 않는다. 아름다움을 향유하는 일에 에너지를 쓰지 않고 다른 일에 높은 가치를 둔다. 이를테면 권력에 높은 가치를 두고 권력을 얻기 위해 많은 에너지를 쓸 수도 있다.

　정신 에너지의 절대 가치는 결정할 수 없어도 다른 가치와 비교하는 상대 가치는 선택할 수 있다. 즉 두 정신가치 측정을 할 때 아름다움, 지식 또는 권력, 재물 또는 벗 중에 무엇을 선택할지 우리 자신에게 물어볼 수 있다.

이것이 어려울 때 좋은 방법은 자기 자신 또는 남을 관찰해서 얼마만큼의 시간과 에너지를 활동에 쓰는지 보는 것이다. 상대 가치를 판단하는 또 다른 방법은 여러 가지 것을 주고 그가 무엇을 고르는지 보는 방법이다. 또 목표에 도달하는 길에 장애물을 두고 그것을 극복하기 위한 노력의 정도를 보면 알 수 있다. 그 목표에 최소한의 가치만 두는 사람이라면 금방 포기한다. 자기의 꿈을 기록해 두면 가치를 크게 두는 것이 무엇인지 정확하게 판단할 수 있을 것이다. 권력에 대한 꿈은 별로 없으나 성에 대한 꿈이 많으면 권력보다 성에 큰 가치를 두고 있는 것이다.

역학체계로서 정신은 끊임없이 평가를 내린다. 즉, 여러 가지 심리적 활동에 많은 에너지가 나뉘어 있다. 어느 정도의 양이 나뉘는지는 시간에 따라 다르다. 즉 오늘은 시험공부를 하는 데 많은 에너지를 쓰고 내일은 승마를 하는 데 많이 쓸지도 모른다. 개인의 가치 척도는 일정한 곳에 머물러 있지 않다.

위의 방법과 관찰은 상대적 가치의 강도를 평가하기 위해 의식적 가치를 나타내지만, 무의식적 가치에 대해서는 특별한 정보를 주지 않는다. 에너지가 체계에서 없어진다는 가정에 입각해서, 만약 어떤 의식적 가치가 없어진 뒤 동등한 다른 의식 활동에 나타나지 않는다면 이 가치는 결국 무의식 속에 나타난다. 무의식 영역은 직접 관찰이 불가능하므로 이를 평가하기 위해서는 보조 방법을 써야 한다. 그 방법 중 하나는 콤플렉스의 응집력을 결정한다.

전술한 바와 같이 콤플렉스는 중심이자 핵심 요소이며, 다수의 2 차적 연합이 그 주위를 이룬다. 이런 연합이 얼마나 많은지가 콤플렉스의 응집력과 유인력을 판단하는 척도다. 예를 들어 심각한 '지도자 콤플렉스'가 있는 사람이라면 남을 지배하고 싶다는 욕구가 중심에 있고, 그 중심이 많은 경험과 연상을 끌어당길 것이다. 그 무리 전체는 영웅 숭배, 우수한 사람과의 동일화, 다른 사람이 피한 일을 책임지기, 결정을 사람들에게 인정받기, 사소한 일이든 중요한 일이든 의논 상대가 되기, 모든 경우에 자기 의견을 표시하기, 존경과 찬미 구하기와 같은 경향으로 이루어져 있다. 경험을 새롭게 해도 지도자 콤플렉스에 흡수될 것이다. 융은 "콤플렉스는 흡수력이 강하면 강할수록 높은 가치를 가지고 있다"라고 말했다.

콤플렉스의 응집력의 에너지 가치를 평가하기 위해서는 어떤 방법이 사용될까? 융은 세 가지 방법을 제시하였다. 첫째 직접 관찰과 분석적 연역, 둘째 콤플렉스 표시, 셋째 정서 반응의 강도이다.

직접 관찰과 분석적 연역

콤플렉스의 특징들은 늘 의식적 행동에 드러나지 않는다. 콤플렉스는 꿈이나 위장된 형식을 빌려 나타날지도 모르므로 이를 간파하기 위해서는 상황증거를 살펴야 한다. 이를 두고 분석적 연역이라고 말할 수 있다.

이를테면 남에게 싹싹하게 굴며 온순하게 구는 사람이 있다. 살펴 보면 늘 잘하고 있는 것처럼 보인다. 그는 사람들에게 "내 걱정은 말아요"라고 말하지만 알고 보면 모두가 그를 걱정하게 되는 사람이다. 또는 "여러분, 먼저 가요, 나는 집을 보겠어요" 하고 말한다. 그러면 가족들은 걱정이 되어서 다른 사람은 남겨 두고서라도 그를 데리고 가게 된다. 주부의 경우 그녀는 가족을 위해 헌신하며 몸을 아끼지 않고 일을 해서 병약해진다. 그러나 결국 가족들이 그녀가 하고 싶은 대로 두면서 시중을 들게 된다. 대개 이런 사람은 음흉한 수법으로 남을 조종하고 지배한다. 이런 권력 콤플렉스 당사자는 그 일로 비난을 받는 일은 없는데 헌신적이며 자기희생적이기 때문이다.

어떤 일에 대한 강한 부정은 완강하게 거부하는 일에 대한 흥미가 크게 있을지도 모른다. "헛소문은 정말 싫습니다" 하고 말하는 사람이 알고 보면 헛소문을 만들어 내는 사람인지도 모른다. "돈에는 관심이 없습니다. 그저 이 일을 좋아할 따름입니다" 하고 말하는 사람이야말로 월급이 적음을 가장 먼저 토로하는 사람일 수 있다. 그래서 분석심리학자는 사람들의 말을 그대로 듣지 않고 그 뒤에 감추어진 메시지를 읽는다.

콤플렉스 표시

행동장애는 콤플렉스를 나타내는지도 모른다. 예를 들면 자기가 잘 아는 사람의 이름을 틀리게 부르는 경우가 있다. 남편이 아내를 부를 때 자기 어머니 이름이 나왔다면 그의 모친 콤플렉스가 아내를 흡수했음을 뜻한다. 또는 기존에 잘 알던 사실에 기억 장애가 있는 경우, 무의식적 콤플렉스가 억압된 기억과 관계가 있어서 그것을 흡수했다고 가정할 수 있다. 어떤 장면에 대한 지나친 반응은 그 장면이 어떤 방법으로든 콤플렉스와 연결되어 있음을 나타낸다.

앞에서 설명한 융의 언어 연상 테스트는 콤플렉스 표시를 끌어내기 위한 실험이다. 테스트에서 내놓은 낱말에 대한 반응의 지연과 기타 반응의 특이성에 따라 콤플렉스의 가치 정도를 평가할 수 있다.

융은 "보상이 과도한 경우는 콤플렉스를 들춰내기 어렵게 된다"고 말한다. 과잉 보상은 콤플렉스의 핵심이 일시적으로 더 높은 에너지 가치를 지닌 다른 콤플렉스에 의해 감춰진 상태이다. 더 높은 가치를 가지는 쪽으로 에너지를 옮겼기 때문이다. 예를 들면 자기의 남성스러움에 열등 콤플렉스가 있는 남성은 육체를 강하게 만들어 남성스러움을 드러내고 여자를 정복한 솜씨를 자랑하며 약하게 보이는 일은 거부한다. 이런 남성이 경멸하는 대상은 나약한 남성인데 이는 자신 안의 열등성을 떠올리기 때문이다.

또 하나 예로 범죄를 범하는 사람 중 죄악 콤플렉스가 있는 사람이 있다. 그는 처벌받기 위해 체포되기를 바라며, 자신이 체포되도록 용의주도하게 계획하기까지 한다. 처벌은 일시적이지만 그의 죄악 콤플렉스를 해소하는 데 도움이 된다.

이는 일부러 악한 행동을 저지르는 어린이에게도 볼 수 있다 공격성보다 처벌받고 싶다는 욕구가 동기가 되어 행해진다. '진짜' 콤플렉스가 분명해지면 대처 방법이 용이하지만 '가짜' 콤플렉스를 상대하는 한 상황은 거의 발전하지 않는다.

정서 반응의 강도

전술한 바와 같이, 지나친 정서 반응은 그 배후에 콤플렉스가 있음을 암시하고 있었다. 융은 실험으로 정서의 표현도 연구했다. 그는 언어연상 테스트와 관련해서 맥박수의 변화, 호흡의 동요, 피부의 전기전도성 변화, 피부의 땀 분비를 측정했다. 어떤 단어를 보았을 때 이 변화 중 해당되는 변화가 있다면 콤플렉스와 연관 있음을 나타낸다. 이때는 동일한 일반적 범주에 속하는 다른 몇 개의 단어를 써서 그것들도 정서 반응을 일으키는지 어떤지를 볼 수가 있었다.

직관

융에 따르면 지금까지 설명한 테스트, 실험, 분석, 관찰 이외에 콤플렉스를 인식하는 방법이 또 한 가지 있다고 했다. 이는 다른 사람 감정의 가장 사소한 변화도 인식할 수 있는 자연스러운 능력이다. 모든 사람에게 이 능력이 있으며 이를 '직관'이라 부른다. 직관이 발달한 사람이 있는가 하면, 별로 발달하지 않은 사람도 있다. 상대를

잘 알아갈수록 직관은 더욱 민감해지고 정확해진다. 두 사람의 관계
가 깊을 경우 상대가 콤플렉스의 지배를 받으면 곧바로 인식할 수가
있다.

정신역학은 정신의 여러 구조들 속 에너지 분배와, 에너지가 구조에서 구조로 옮기는 에너지 이동을 주제로 삼는다. 융의 정신역학은 두 가지 기본 원리를 쓴다. 두 원리 모두 물리학에서 빌려온 개념인데 '동량의 원리'와 '엔트로피의 원리'이다.

동량의 원리에 따르면 정신적 요소에 맡겨진 에너지양이 줄거나 없어지면 다른 정신적 요소에 동량의 에너지가 나타난다. 즉 정신에서는 에너지가 없어지는 일이 없다는 말이다. 다른 위치로 이동할 뿐 실제로 에너지는 몇 개의 요소 사이에 분배된다. 물리학을 배운 사람이라면 알겠지만, 이는 열역학의 제1법칙 또는 에너지 보존의 법칙이다.

비유를 들어서 설명하면 더욱 쉽게 원리가 이해될 것이다. 예를 들어 어떤 사람이 구두 한 켤레를 사고 10달러를 지불했다고 가정하자. 분명히 이 돈은 없어지지 않았다. 그것은 몇 사람들에게—주인, 점원, 다른 사무원, 도매업자와 그 소비자, 제조업자와 그 소비자, 가죽 생산자, 각종 세금징수원 등—분배된다. 이처럼 어떤 에너지는 다른 똑같은 가치, 또는 수많은 갖가지 가치로 옮겨 간다. 전이 그 자체는 조금도 에너지를 사용하지 않는다. 점원한테 돈을 주더라도, 10달러의 가치가 줄어들지 않은 것과 마찬가지다.

따로 비유까지 들지 않아도 된다. 정신이 무엇을 하기를 멈추면 그 대신 다른 무엇을 하기가 쉬워진다. 어떤 소년이 모형 비행기, 경찰 놀이, 만화책, 장난감 등에 흥미가 없어지면 대신 자동차, 소설, 소녀에 흥미가 생긴다고 예상할 수 있다. 어떤 대상에 대한 흥미가 없어지면 다른 대상에 대한 흥미가 발생한다. 피로로 인해 잠에 빠져 있을 때도 마음은 복잡한 환각을 계속 만들어 낸다. 낮에 생각, 감상, 행동을 위해 사용된 에너지는, 밤이 되면 꿈을 꾸는 데 사용된다.

그렇지만 어떤 양의 에너지가 다른 곳으로 전이된 것이 아니라, 사라진 것처럼 보이는 경우도 있다. 이때는 옮겨진 에너지가 의식적 자아에서 개인무의식 또는 집단무의식으로 전이된 것이다. 무의식의 이 두 수준을 이루기 위한 구조들 또한 활동을 위해 많은 에너지를 구한다. 앞서 말한 바와 같이, 직접 이 활동을 관찰할 수 없기 때문에 당사자의 행동을 보고 유추해야 한다. 의식에서 무의식으로 변화하는 예를 뚜렷이 볼 수 있는 시기는 어린이가 부모로부터 독립을 시작할 때이다. 독립함으로써 대리의 부모를 공상하고 조만간 그것을 선생, 코치, 부모, 연상의 친구 등 현실에 있는 인물에게 투사한다. 이는 일찍이 의식적 가치가 지니고 있던 바를 무의식적 가치가 똑같은 특징을 지니고 있는가를 증명해 주고 있다. 어린이가 부모에게서 독립하면 그들에게 이전보다 많은 가치를 두지 않는다. 이 가치는 무의식적이 되어 공상의 형태로 나타난다. 그 후 그것은 새로운 대상—새롭다고 하나 원래의 가치와 아주 비슷한 가치가 있는 대상—을 얻어 다시 의식적으로 돌아온다. 만일 어떤 사람의 성격이 예기치 못한 사이 변했다면—예를 들어, 지킬 박사에서 하이드 씨로—가치의 재분배가 변화의 원인이다. 이 정도로 명백하지 않은 것이라면 행동에 대한 무의식적 가치의 영향은 늘 작용한다. 대개는 꿈의 내용이 무의식적 가치를 결정한다. 그리고 공포증, 강박관념, 강박행위 등의 정신병적 증상이 생기는 원인도 무의식적 가치 때문이다. 인격의 정신역학이 종종 정신병원과 정신과 의료실에서 가장 두드러지게 관찰되는 것은 그 때문이다. 그렇지만 융이 반복해서 지적한 것처럼 범죄, 전쟁, 편견, 차별 등 범위가 넓은 현실에서도 예술, 종교, 신비주의 등은 관찰될 수 있다.

어떤 상황에서 쓸 수 있는 인격 체계 속의 에너지의 분량은 한정되어 있으므로, 자연히 이 에너지를 둘러싸고 각종 구조들 사이에 경쟁이 일어날 것이다. 다시 말해서 어떤 구조가 많은 에너지를 얻으면, 다른 구조가 쓸 수 있는 에너지는 그만큼 적어질 것이다. 일상생활의 비유를 들어 보자. 어떤 사람이 매달 쓸 수 있는 돈이 결정되어 있다고 한다면 원하는 것을 모두 살 수는 없다. 그래서 그는 여러 가지 필요와 욕망을 두고 돈을 어떻게 분배하느냐를 정해야 한다. 마찬가지로 정신체계도 여러 가지 구조에 대해, 에너지를 어떻게 분배하느냐를 결정해야 한다. 실제로 이 결정은 또 하나의 역학적 원리에 따라 이루어진다. 이 점에 관해서는 조금 뒤에 논의하기로 하겠다.

그리고 융은 한 구조에서 다른 구조로 에너지를 옮기면, 첫째 구조의 특징이 다소 둘째 구조로 전이된다고 지적하고 있다. 이를테면 권력 콤플렉스에서 성 콤플렉스로 에너지가 전이되면, 권력에 있던 가치의 일부가 성적 가치에 나타난다. 그렇게 되어도 당사자의 성 행동에 타자를 지배하고 싶어 하는 몇 가지 특징이 전이된다고 가정하지 않도록 경고한다. 둘째 콤플렉스 또한 독자적 특성을 나타내므로 융은 이렇게 말한다. "어떤 정신적 활동의 리비도가 본래 물리적인 흥미로 이동하는 경우가 있다. 당사자는 새로운 구조도 마찬가지로 정신적이라 믿지만 이는 잘못이다."

즉, 융은 둘 사이에 비슷한 점이 있을지도 모르지만, 본질적인 차이가 있음을 지적한다.

대개 정신 에너지가 어떤 구조에서 다른 구조로 전이되는 경우는, 전이돼도 양은 같을 때뿐이다. 즉, 어떤 사람이 다른 대상 혹은 활동에 집착을 심하게 보여도 그 대리가 될 수 있는 것은 마찬가지로 강한 가치가 있는 어떤 것뿐이다. 하지만 모든 에너지가 새로운 가치에 사용되지 않는다. 여분의 에너지가 무의식적 요소로 옮기는 경우도 있다.

지금까지는 단일한 요소 또는 정신적 가치에 관한 문제를 논의해 왔는데, 이제는 동량의 원리가 어떻게 인격의 중요한 구조―자아, 아니마, 그림자 등―에 작용하는지 짚어 보겠다. 행동에 대한 영향력을 봤을 때 단일한 가치보다 클 수 있으나 원리 자체는 같다. 자아에서 제거된 대량의 정신 에너지가 페르소나에 보태지면 그 경향은 당사자의 행동에 더욱 선명하게 표현된다. 그는 이미 '자기 자신'이 아니다. 남들이 원하는―그럴 것이라고 그가 생각하는―대로의 인간이 될 것이다. 그의 인격은 더욱더 가면과 같은 특징을 지닐 것이다.

한 체계가 뛰어나게 발달하면, 가능한 모든 에너지를 다른 체계들로부터 빼앗을 것이다. 다른 체계에 에너지가 머물러 있을 때는 그렇게 되기 힘들지만, 움직이는 에너지가 있거나 한 체계에서 다른 체계로 흐르는 도중에 있다면 아주 쉽게 그리될 수 있다.

우리는 위의 예에서, 정신 에너지가 자아에서 페르소나로 어떻게 용이하게 움직일 수 있는지 설명했는데 언제나 이처럼 직접적으로 에너지가 재분배되지는 않는다. 자아가 에너지를 잃으면 그 에너지가 한 체계만이 아닌 몇 개의 체계로 재분배되는 경우도 있기 때문이다. 또 정신은 새로운 에너지를 외적 근원으로부터 보충받는다. 이 에너지의 영향으로 어떤 체계의 에너지 수준이 오르는 경우도 있을 수 있다.

융은 정신 내부의 에너지 분배와 재분배뿐만 아니라, 쉴 새 없는 에너지 투입 과정에 관심을 보였다.

이 관심의 결과는 융의 분석심리학을 다이내믹한 심리학으로 바꾸었다.

즉 동량의 원리에 따르면 정신 에너지가 정신의 어떤 요소나 구조에서 다른 요소 또는 구조로 전이되더라도 에너지의 가치는 늘 같다. 정신 에너지는 사라질 수 없다. 경험에 따라 정신에 보태질 수는 있지만, 정신에서 제거할 수는 없다.

동량의 원리는 체계 안에서 에너지 교환을 나타내 주지만 에너지가 흐르는 방향을 설명해 주지 못한다. 왜 에너지는 자아로부터, 그림자나 아니마로가 아닌 페르소나로 흐를까? 이는 어느 사람에게 왜 책이나 과자가 아닌 구두를 샀냐고 묻는 것과 같다. 아마 대답은 '책이나 과자보다 구두가 필요했기 때문에'라고 할 것이다. 이 대답이 정신 속 에너지의 교환을 나타낸다. 에너지가 자기에서 페르소나로 흐르는 까닭은 아니마나 그림자가 아닌 페르소나가 에너지를 필요로 하기 때문이다. 페르소나가 에너지를 필요로 하는 이유는 자아, 아니마 또는 그림자보다도 적은 양의 에너지를 가지고 있기 때문이다.

물리학에서는 에너지가 흐르는 방향이 '엔트로피의 원리'라고 불리는 열역학의 제2법칙으로 개념화되어 있다. 이 원리에 따르면 온도가 다른 두 물체가 만나면, 두 물체 온도가 똑같아질 때까지 열, 즉 에너지는 뜨거운 물체에서 찬 물체로 이동한다. 다른 예를 든다면, 수위가 같아질 때까지는 늘 높은 수위에서 낮은 수위로 흐른다. 일반적으로 두 물체가 접근하기 쉬우면 에너지는 이동할 때 강한 물체에서 약한 물체로 흐른다. 엔트로피 원리가 작용하면서 힘은 균형을 갖춘다.

융은 인격의 역할 설명을 위해 엔트로피의 원리를 응용한 셈인데 이에 따르면 정신 내부 에너지를 분배할 때 정신의 모든 구조 사이의 균형 혹은 평균을 찾는다. 가장 단순한 경우는 두 가치의 강도 즉, 에너지의 강도가 다르면 에너지는 균형이 회복될 때까지 강한 가치에서 약한 가치로 흐른다. 더욱 크게 말하면 엔트로피는 균형 잡힌 체계를 완전히 달성하는 데 목표를 두고 인격 전체 속의 에너지 교환을 결정한다. 물론 이 목표는 완벽한 실현이 불가능하다. 실현됐을 때는 이미 에너지의 교환은 없어지며 정신은 그 기능을 멈추게 되는 상태라 말할 수 있다. 완전한 엔트로피가 이루어지면 물리적 세계는 얼어붙을 것이다. 정신도 얼어붙을 것이다. 모든 것이 정지한 상태가 된다.

그런 일은 정신에 일어날 수 없다. 정신은 완전한 폐쇄 체계가 아니기 때문이다. 즉, 외부 세계로부터 새로운 에너지가 늘 정신에 들어온다. 새롭게 들어온 에너지가 불균형을 만들어 낸다. 여러 구조 사이에서 어느 정도 균형을 갖추어 비교적 인격의 역학이 고요한 상태가 돼도 새로운 자극이 균형을 무너뜨려 고요한 감정은 긴장과 갈등의 감정으로 바뀔 것이다. 정신이 불균형하면 긴장, 갈등, 스트레스가 생긴다. 구조들 사이의 에너지가 불평등할수록 당사자는 더욱 큰 긴장과 갈등을 겪는다. 그런 내적 갈등으로 인해 자신이 조각조각 난 존재처럼 여겨질 수도 있으며 때로는 실제로 그와 같은 경우가 생긴다. 압력이 크면 화산이 폭발하듯 긴장이 커지면 인격은 파괴된다.

그렇지만 융이 지적하듯 처음부터 에너지의 양이 매우 달랐던 두 가치 또는 구조―한쪽은 상당히 낮고 다른 쪽은 상당히 높은―의 에너지양이 같아지면 그 가치, 구조들이 쉽게 무너지지 않는 강한 힘이 있는 종합일 수 있다. 이를테면 그림자가 강하고 아니마가 약한 남성을 생각해 보자. 약한 아니마는 강한 그림자의 에너지를 끌어오려고 한다. 하지만 그림자에서 에너지가 빠져나와도 외부 세계에서 그 이상의 에너지가 그림자로 들어온다. 일방적일지라도 심한 갈등이 생기게 된다. 이 갈등이 극적으로 해결되어 두 구조 사이에 일종의 균형이 이루어지면 융에 따르면 이 균형은 간단히 무너지지 않는다. 이런 경우 두 대립물―그림자와 아니마―의 통일은 유난히 강력해질 것이다. 이 남자는 강박적으로 남성스러움을 갖지 않고 행동에서 소위 남성스러움과 부드러움, 힘과 안정, 결단력과 세련된 감정의 혼합을 나타낼 것이다. 이렇게 다행인 경우도 있지만 갈등이 끝이 나지 않고 대립물이 통일되지 않는 경우도 상당히 많다.

그림자와 아니마처럼 대립을 세우는 두 구조 사이에서 강한 결속

이 이루어질 수 있는데 이런 일이 인간관계에서도 적용될 수 있다. 처음에는 대립의 각을 세우던 두 사람이 가장 친밀한 관계로 발전하는 경우를 볼 수 있다. 두 사람은 숱한 갈등을 거쳤지만 어느 날 모든 갈등이 해결되면서 두터운 우정이 세워진다. 물론 늘 이런 경우가 있을 수는 없다. 갈등이 계속되거나 더욱더 심해져서 관계가 완전히 끝날 수도 있다.

그런데 정신 내부 갈등과 인간관계의 갈등 비교는 이렇게 단순한 비유로 정리하기 어렵다. 융의 지적대로 타인―또는 동물, 사물―과 우리와의 갈등은 때로는 우리 자신의 인격 내부 갈등의 투사이기 때문이다. 아내와 싸우는 남편은 자기 자신의 아니마와 싸우고 있다. 어떤 일을 죄악 내지 배덕으로 인정하여 맹렬하게 반대하는 사람은 실은 자신의 그림자와 싸우는 것이다.

이미 말했듯이 외부 세계로부터 자극이 에너지를 넣음으로써 정신 내부에 긴장이 생긴다. 정상적 조건이라면 새로운 에너지는 정신 속에 잘 받아들여져 심각한 혼란을 만들지는 않는다. 그러나 에너지의 분배가 고르게 되지 않아 정신이 불안정한 상태이거나 작은 자극도 처리할 수 없을 정도라면 당사자는 자신의 둘레에 보호막을 쳐서 자신을 보호하려 든다.

융이 정신병원에서 일을 했을 때 정신병 환자의 무감각한 감정을 관찰하였다. 그들이 정상이라면 정서 반응을 일으킬 상황이 생겨도 아무 반응을 보이지 않는다. 그 과정이 지났을 때 비로소 감정이 드러났다.

일반 사람들도 마음이 혼란스러운 상황에서 여러 가지 방법으로써 자기 자신을 보호하려고 한다. 그들은 마음을 닫고, 믿음을 관철하기 위해 혼란스러운 일에 귀를 기울이려 하지 않는다. 때로는 뿌리 깊은 편견이 있으며 보수적이고 변화를 좋아하지 않는다. 일관된 정신 상태로 있는 편이 마음이 가라앉고, 편안하기 때문에 새로운 경험을 받아들이지 않는다. 마음을 완전히 닫음으로써 완전한 엔트로피의 상태에 접근하는 것이다. 그렇지만 이미 말했듯이 그런 상태는 폐쇄 체계에서만 일어날 수 있다.

우리는 곧잘 '청춘의 폭풍' 또는 '연장자의 안정'이라는 말을 한다. 청춘이 어수선한 이유는 바깥세계와 신체적 근원에서 정신으로 많은 에너지가 흘러들어 가기 때문이다. 이를테면 생리학적 변화가 사춘기가 돼서 시작되고 가족과의 유대가 느슨해지면서, 청년은 새로운 경험을 수없이 한다. 엔트로피의 원리는 정신으로 흘러들어 가는 많은 에너지를 적절하게 처리하도록 신속하게 작용하지 못한다. 그 까닭은 새로운 경험에 따라 지속적으로 새로운 가치가 만들어지기 때문이다. 엔트로피의 원리는 방금 만들어진 새로운 가치를 금방 처리하려고 하지만, 그 일이 끝나기 전에 새로운 경험을 통해 새로운 가치가 나타난다.

또는 두 가치가 어떤 균형에 도달해도 그때 제3의 가치가 나타남으로써 두 가치 사이에 이뤄진 에너지 분배를 재분배하게 된다. 즉 불확실, 갈등, 불안정, 당혹감, 혼란, 불안의 감정이 투사되어 반역, 당황, 예측 불가능한 충동적 행동 등을 취한다. 융이라면, 청년의 정신 속에 있는 에너지가 무질서한 찰나 동안 무슨 일이든 일어날 수 있다고 말할 것이다.

'연장자의 안정'에 대해 말한다면, 나이는 크게 관계가 없다. 안정된 이유는 여러 가지 일을 경험하고, 그 경험과의 갈등 끝에 조화를 이루어 인격 속에 넣기 때문이다. 연장자에게 새로운 경험은 청년처럼 혼란을 야기하지 않는데 그 경험이 주는 새로운 에너지가, 정신 속 에너지 전체 양에 비해 적기 때문이다.

인격의 역학 속에서 엔트로피의 원리의 작용을 방해하는 요인이 하나 더 있다. 고도로 발달한 어떤 한 구조가 정신 가운데서 큰 영향력을 행사하는 자리에 있을 때, 그것은 정신의 나머지 부분에서 독립하여 분리되기 쉬운 경향이 있다. 마치 독재자처럼 다른 구조들의 힘—에너지—을 빼앗는데다 정신으로 들어오는 새로운 에너지마저 독점한다. 강한 구조로부터 약한 구조로의 에너지의 흐름이 차단될 뿐만 아니라 그 정반대가 된다. 지배적 구조가 더욱 강해지고, 나머지 약한 구조는 더욱 약해진다. 이를테면, 강한 콤플렉스 하나가 대부분의 새로운 경험을 끌어당긴다. 마치 강력하고 자원이 풍부한 나라가 새로운 부의 원천을 독차지함으로써, 더욱더 부강해지는 것과 같다. 인격 내부의 독재는 일시적인 안정 상태를 가져올 수도 있다. 그렇지만 엔트로피 원리의 작용에 따라 지배자격 콤플렉스가 뒤집어질 위험은 늘 있다. 강한 체계로부터의 에너지의 갑작스런 흐름은 댐이 무너지는 현상과 마찬가지로 종국에는 비참한 결과를 불러온다.

융이 지적한 바 있듯이, 극단적 상태는 그 대립물을 모두 그 안에 가지고 있기 때문에 지배격인 가치가 느닷없이 정반대의 가치로 뒤바뀌는 일이 흔하다. 이를테면 강한 권력 콤플렉스가 있는 사람이 갑자기 태도를 바꿔 비굴해지는 경우도 있다. 혹은 페르소나가 몹시 발달한 사람이 가면을 벗고 사회에 위협을 가하기도 한다.

융은 정신분석자로서 환자의 인격이 급작스럽게 변화하는 모습을 관찰할 기회가 많았다. 이런 인격과 행동의 극적 변화는 엔트로피 원리의 작용에서 유래한다. 에너지가 어떤 콤플렉스나 기타 구조에 많이 축적되면 예기치 못한 사이 콤플렉스에서 대립물로 이동한다. 지나치게 발달한 구조가 의외로 불안정한 까닭은 여기에 있다.

심리적 측면에서 엔트로피의 원리를 대표하는 것은 '자기'이다. 자기는 인격의 여러 가지 구조를 통합이 역할인 태고 유형이다. 거기에다 융은 제3의 통합기능, 즉 '초월적 기능'을 제창하고 있다. 이 점에 관해서는 다음 장에서 설명하겠다.

06 정신 에너지의 움직임

정신 에너지의 전진과 퇴행은 정신역학에서 가장 중요한 개념 중 하나이다. 전진은 당사자의 심리학적 적응을 진보시키는 매일매일의 경험이다. 심리학적 진보를 완전히 달성하는 듯이 보이는 인격도 있지만 당사자의 의식적 행동과 실제 정신적 적응을 착각하기 쉽다. 환경과 경험은 쉼 없이 달라지기 때문에 인간의 전진은 연속적 과정이며 결코 완성될 수 없다.

리비도의 전진은 환경조건의 요청과 일치한다고 볼 수 있다. 인간은 태어날 때부터 특정한 심적 기능을 발휘하는 소질에 따라 한 세계와 만난다. 처음부터 특정한 지향이 있기 때문에 한 방향으로 정신이 향한다. 이 기능의 일면성이 전진하다 '지나치게' 지배적이 된다. 지나치게 강해지면 그 기능은 가능한 한 모든 경험과 정신 에너지를 끌어당길 것이다.

　그런데 그동안 이 기능으로는 적응이 되지 않기 때문에 새로운 기능을 필요로 할 때가 있다. 이를테면 새로운 상황에 적절하게 대응하기 위해서 감정이 지배적 기능일 때 생각의 지향이 필요해질지도 모른다. 이 경우 감정과 태도는 힘이 없어지고 그 기능의 정신 에너지의 전진은 정지하게 된다. 그렇게 되면 그 전까지 있던 안전성과 확실성이 붕괴되고 그 뒤에 정신적 가치들이 무질서하게 뒤섞여 당사자는 갈피를 잡지 못한다. 각종 주관적 내용과 반응이 쌓임으로써 정신은 긴장 상태가 된다.

　리비도를 안정적으로 전진시키기 위해서는 대립하는 두 기능—이 경우에서는 감정과 생각—을 통일할 필요가 있다. 생각과 감정은 서로 영향을 주는 상태가 되어 정신 기능의 발달이 무너지는 일을 막아야 한다. 이것이 제대로 되지 않으면 정신 에너지는 질서를 잃고 두 대립물을 조정할 수 없다. 이때 만일 '퇴행' 과정이 갈등을 지지하지 않으면 대립물의 투쟁은 끝을 모르고 이어질 것이다. 퇴행은 리비도의 후퇴 운동을 말한다. 대립물은 갈등을 겪고 상호작용을 거듭하면서, 퇴행에 의해 서서히 그 에너지를 잃는다. 탈력화된다고도 말한다. 전진은 정신요소에 에너지를 채우지만 퇴행은 정신요소에서 에너지를 빼앗는다. 이 위기를 겪는 동안 대립물은 퇴행을 통해 가치를 잃고, 대신 새로운 기능이 발달한다. 새롭게 발달한 기능은 처음에는 의식 행동에 간접적으로만 모습을 드러낸다. 새로운 기능은 사고인데 그것이 감정을 대신하려다가 퇴행 덕분에 활동을 시작할 수 있다. 사고는 의식에 도달하면 어느 정도 위장되고 낯설고 거친 형태로 표현된다.

또는 융의 아름다운 표현을 빌린다면 "깊은 곳에 진흙으로 덮여 있다"라고 할 수 있다. '깊은 곳'은 사고 기능이 떠오르기 전 있던 무의식 상태를 말한다. 감정이 상위 기능을 차지할 때는 모두 이 기능으로 집중된다. 즉 모든 요소는 사고 기능과 다른 기능과의 상호 작용에서 신중하게 제외되어 있었다. 때문에 사고 기능이 발달할 기회가 없었다. 감정 기능이 우위를 차지하는 동안 사고 기능은 쓰이지도 훈련되지도 않은 미분화인 상태로 있다.

퇴행으로 인해 무의식적 기능이 활동하면 그 새로운 기능은 외적 적응이라는 문제에 부딪힌다. 새로운 기능이 일단 최초의 적응을 달성하면 리비도의 전진은 다시 시작된다. 하루하루 전진에 의해 전에 있던 감정의 지향이 확실해지고 안정된 상태로 발전되듯, 새로운 사고의 지향도 확실감과 안정감을 발전시킬 수 있다.

적응이 필요한 이유가 외부 세계에서 일어나는 사건들 때문만은 아니다. 인간은 자기 내적 정신계에도 적응해야 한다. 감정이 상위에 있을 때 자기 자신의 무의식에 대한 지향은 생각의 입장에 서 있다. 처음에는 이것만으로 충분할지 모르지만, 늘 그런 식으로 해서 잘되지 않기 때문에 감정 기능의 협조도 필요로 한다. 마치 외부 세계를 처리할 때, 그 정반대의 기능이 필요했듯이……

융은 "인간이 외부 세계의 요청에 이상적 대응을 할 수 있는 때는 자기 자신의 내부 세계에 적응하고 있을 때뿐이다. 바꿔 말하면, 자기 자신과 조화를 이루고 있을 때뿐이다. 반대로 인간이 자기 자신의 내계에 적응해서 자기 자신과 조화를 이룰 수 있는 경우도 환경의 다양한 조건들에 적응하고 있을 때뿐이다"라고 했다.

이 두 가지 적응은 서로 의존하는 관계에 있어, 한쪽을 소홀히 하면 반드시 다른 쪽도 해치게 된다. 유감스럽게도, 현대 생활에서는 내적 적응 없이는 외적 적응도 이룰 수 없다는 점이 무시되고 외적 적응만 중요하게 여긴다. 전진도 퇴행도 본질적으로 중요함을 알아야 좋은 적응을 할 수 있다.

융은 퇴행이 유익할 수도 있다고 하는데 그것은 많은 민족적 지혜를 포함하고 있는 태고 유형에 활기를 주기 때문이다. 때로는 이 민족적인 지혜로 인해 인간은 현재 상황에 직면한 긴급한 문제를 해결할 수 있게 된다.

예를 들어, 인간은 절망적 상황에 닥치면 영웅의 태고 유형에서 용기를 얻을 수 있다. 융은 가끔 은퇴나 후퇴의 시기를 갖기를 권했는데 이는 삶에서 겪는 여러 문제들을 회피하기 위함이 아닌 무의식에 저장된 새로운 에너지를 이용하기 위해서다. 사실 우리가 밤마다 잠들 때도 그렇다. 잠은 무의식 속으로 내려가는 기회이자 무의식이 꿈에 나타나는 기회다. 그러나 안타깝게도 현대인은 자기의 꿈에 내재되어 있는 힘과 지혜들에 충분히 관심을 갖지 않는다.

융은 '전진'과 '발달'을 헷갈리지 않도록 강조한다. 전진은 에너지가 흐르는 방향이며, 발달은 여러 구조의 분화──개성화──를 뜻한다. 퇴행과 전진은 마치 밀물과 썰물 같다. 여러 구조에 전진과 퇴행이 여러 구조에 영향을 줌으로써 간접적으로 발달에 영향을 끼친다.

그리고 전진과 퇴행은 겉으로는 외향과 내향적인 면이 비슷해 보이지만 혼동해서는 안 된다. 실제로 전진이나 퇴행은 각각 외향적인 형에서도, 내향적인 형에서도 생길 수 있다. 전진과 퇴행은 정신의 형식적 구조나 요소가 아닌 에너지 개념이다. 이에 관한 상세한 설명이 제4장에 되어 있다.

물리적 에너지처럼 정신 에너지도 틀이 잡히기도 하고 바뀌거나 전환된다. 융의 용어로 말한다면 '물길이 트인다'이다. 물길 트기 개념은 물리적 에너지와 비교하면 더욱 분명해질 것이다.

폭포는 구경할 때는 아름다울지 모르나 미적 가치를 배제하면 자연 상태로는 인간에게 거의 소용이 없다. 그러나 폭포 위의 물을 발전소의 터빈에 연결된 파이프에 쏟아지도록 하면 터빈이 돌아가고 따라서 전기가 생긴다. 생성된 전기는 전선을 타고 곳곳에 목적에 맞게 쓰인다. 인간은 언제나 에너지를 동력화해서 유용한 일들에 썼다. 인간의 기술 중 돛단배를 앞으로 나아가게 하는 데 바람을, 열을 일으키기 위해서는 나무와 석탄, 물레방아를 돌리는 데는 물을 사용하는 등 간단한 것이다. 이 외에도 가솔린이나 다른 연료를 써서 연소 엔진, 증기터빈, 최근에는 더 복잡한 기술이 개발돼 원자력 발전소를 움직인다. 정신도 에너지를 전환시키거나 물길을 트기도 한다. 융을 따라서 그것이 어떻게 이뤄지는지를 보자.

자연 에너지의 근원은 본능이다. 본능 에너지도 폭포처럼 그 자신의 진로를 따르지만 역시 폭포처럼 어떤 일을 하지는 않는다. 일을 하도록 하려면 자연 에너지를 새로운 물길로 바꾸어 넣어야 한다. "본능 에너지의 변형은 '본능의 대상과 유사한 것'으로 물길 트기에 의해 이뤄진다" 이와 같은 유사물을 융은 '상징'이라고 부른다. 발전소는 폭포의 한 상징이다.

융이 무엇을 말하는지 생각해 보자. 완전히 본능적 생활에 충실한 사람, 즉 문명인과 반대 위치에 있는 자연인은 동물처럼 자기 본능의 요구를 따르며 산다. 허기지면 먹고, 갈증이 나면 마시고, 성적으로 흥분하면 성교하고, 공포심이 들면 도망치고, 화가 나면 때리고, 지치면 잔다. 강이 산과 들을 지나 길을 따라 흐르고 연기가 방향대로 오르고 연어는 강을 거슬러 올라가 알을 까고, 철새가 겨울이 되면 남쪽으로 이주하듯이 사람 또한 자기 본능 에너지의 흐름에 따라서 살 것이다.

자연 상태에서 인간은 문화, 상징 형식, 기술 발달, 사회체제, 학교, 교회 등이 전혀 갖춰 있지 않다. 융의 말은 자연 에너지가 문화적 내지 상징적 물질로 전환되는 일에 관한 것이다. 이 전환은 어떻게 일어날까? 그에 대해 융은 모방 또는 유사물 형성에 따라서라고 대답한다. 어떤 것은 유사성을 띤다. 이를테면, 물리학에서 힘의 기원은 우리 근육의 힘에 대한 지각에서 발견된다.

오스트레일리아에 있는 어떤 부족이 행하는 봄의 의식은 물길 트기의 예 중 하나다. "그들은 땅에 타원형의 구덩이를 파고 그 둘레에는 덤불을 놓는다. 마치 여자의 성기처럼 보인다. 다음에 그들은 자기 앞에 창을 내밈으로써 남자의 성기를 모방한다. 그리고 구덩이 주위에서 춤을 추며 돈다. 그동안 그들은, '이는 구덩이가 아니다, 구덩이가 아니다, 여자의 성기다'라고 외치면서, 구덩이 속에 창을 찌른다. 춤을 수단으로써 성행위를 모방하고 에너지의 물길을 터서 본래의 대상과 비슷한 것으로 전이하는 행동임이 틀림없다."

이 밖에도 물길 트기의 예를 들 수가 있다. 푸에블로 인디언의 들소춤은 사냥을 위해 떠나는 젊은이를 격려한다. 오스트레일리아의 아룬타스 부족은 동족이 다른 부족에게 피살되면 복수를 위해서 선발한 사람의 입과 성기에 살해당한 사람의 머리카락을 매고서 의식을 행한다. 이 의식은 그들의 분노를 키우고 살인자를 찾아내려는 결의를 진작시킨다. 이런 의식들은 미개민족들 사이에서 많이 볼 수 있다. 풍년, 기우제, 사악한 기운으로부터 보호, 전쟁 준비, 다산, 힘과 건강 기원 등을 위한 의식과 춤은 무수히 많다. 이 의식들의 복잡함은 정신 에너지를 습관처럼 자연스러운 흐름에서 새로운 활동으로 바꾸려면 얼마나 많은 노력이 필요한지를 말한다. 그것은 수력을 전력으로 바꾸기에 필요한 노력과 비교할 수 있다.

이 의식들의 가치는 해야 할 일—들소를 죽이는 일이나 곡식 심는 일—로 주의를 돌리게 하여 성공의 기회를 늘리는 데 있다. 인간에게 의식은 지금부터 하려는 일에 대해 마음의 준비를 시키는 준비 체조이다.

융의 말에 따르면 상징은 본래의 것과 비슷하지만 분명히 다르다는 점을 기억해야 한다. 양쪽 강변 사이에 흐르는 강의 흐름은 전선을 흐르는 전류와 비슷하지만, 전기와 흐르는 물이 같지는 않다. 춤과 성교는 비슷하지만, 동일하지 않다. 나무에 구멍을 뚫어서 불을 일으키는 행위 또한 성 행위의 상징이지만 성행위가 아니다. 문화, 기술적 활동은 그 기원이 본능적 활동과 비슷하지만, 발명 발달의 과정을 거친 뒤에는 그 자체로 독립된 성질과 특징이 있다.

인간의 상징 형성 경향에 관해서는 제5장에서 자세하게 설명하겠다.

융이 관찰하는 바에 의하면, 현대인은 의식보다도 '의지'에 의존하고 있다. 현대인은 뭔가를 할 결심을 하고, 결심한 바를 실행하는 방법을 배운다. 오락 혹은 춤, 노래 등으로 시간을 허투루 쓰지 않는다. 그렇지만 융의 날카로운 지적대로 현대인은 일을 새롭게 시작했다가 그것이 잘될지 어떨지 불안할 때 의식과 마법에 호소하는 경우가 있다.

이런 '의지 행위' 또한 본래 본능과 비슷한 것, 즉 상징을 만들어낸다. 비슷한 대상과 활동은 상상력을 자극해서 북돋우는 효과가 있어 정신은 거기에 마음을 빼앗기며 매혹되고 사로잡힌다. 그것이 자극으로 작용해 정신은 대상에 여러 가지 영향력을 끼침으로써 이런 자극이 없었다면 몰랐을 것을 발견하게 된다.

융은 근대과학의 시작이 옛날의 마법이라고 한다. 자연현상을 지배하고 싶었던 꿈이 과학 시대가 되면서 가능해진 것이다. 본능에서 비롯된 에너지는 본능의 과학적 상징으로 물길을 틈으로써 인간은 세계를 바꿀 수 있게 되었다. 융은 "상징은 유용한 일에 쓰기 위한 단순한 본능 에너지의 흐름의 소중한 수단이며 이런 상징에 깊은 경의를 표해야 할 이유가 많다."고 말했다.

물리적 자연에서는 쓸모 있는, 즉 일의 에너지로 바꿀 수 있는 자연 에너지는 매우 적고, 대부분은 자연 상태에 머물러 있다. 본능 에너지도 마찬가지다. 대부분 자연스러운 상태로 규칙적으로 삶의 행로를 지킨다. 상징의 형성으로 돌릴 수 있는 에너지는 아주 적다. 우리가 '의지의 행위'로 리비도의 일부를 변형시킬 수 있는 때는 강한 상징을 구상하고 거기에 에너지를 돌릴 수 있을 때이다.

리비도는 인격 체계 유지를 위해 일정량의 에너지를 놔두고 새로운 상징을 위하여 쓸 수 있다. 이때 인격 체계가 에너지 강도의 차이를 동일하게 만들지 못했을 때 에너지가 남는다. 이를테면 에너지 가치가 페르소나에서 아니마로 옮겨져서 아니마가 그 에너지 가치를 완전히 넣지 못하면 어느 정도 에너지가 남는다. 그래서 상징을 새로이 만들거나 물길을 트기 위하여 이용할 수 있는 것이 바로 에너지의 여분이다.

그러한 상징은 새로운 흥미와 활동의 발견과 새로운 생활양식을 불러일으킨다. 인간은 여분의 에너지가 있어서 자연 동물 상태로부터 미신과 마법의 시대를 거쳐서, 현대의 과학과 기술과 예술의 시대에 도달할 수가 있었다.

    물론 여분의 에너지가 파괴적 목적으로 쓰이는 경우도 많다. '의지의 행위'는 창조와 파괴를 위해 쓰일 수가 있기 때문이다.

정신은 상대적인 폐쇄 체계이다. 주로 감각기관을 통해 정신으로 유입되는 경험으로부터 그 에너지를 끌어낸다. 그 다음은 본능 에너지이지만 대부분은 본능을 위해서만 쓰인다.

정신의 어떤 요소에 주어진 에너지를 두고 그 요소의 '가치'라고 한다. 가치의 크기는 절대적이 아닌 상대적으로 평가될 수 있다.

정신 내부 에너지의 분배는 두 가지 원리에 의해 결정된다. 동량의 원리에 따르면 어떤 정신요소에서 에너지가 상실되면 그만큼의 에너지가 다른 정신요소에 생긴다. 또한 엔트로피 원리에 따르면 에너지는 두 가치가 같아질 때까지 높은 가치의 요소에서 낮은 가치의 요소로 흐른다.

리비도는 두 방향 중 어느 쪽으로도 흐를 수 있다. 외적 상황에 적응하는 방향으로 흐르는 경우를 '전진'이라고 하며, 무의식적 자료를 활동하게 하는 방향으로 흐를 때는 '퇴행'이라고 한다. 새로운 활동이 본능적 활동과 비슷할 때 본능 에너지를 그 새로운 활동에 돌려쓸 수 있는데, 이것을 '물길 트기'라고 한다.

말하자면 융의 정신역학 중심 개념은 리비도, 가치, 동량, 엔트로피, 전진과 퇴행 그리고 물길 트기이다.

CARL GUSTAV JUNG

제3장
인격의 발달 과정

심리 치료를 하는 사람이 인격 발달 과정에 통달해야 하는 데 두 가지 이유가 있다. 첫 번째 이유는 심리 치료자의 환자들은 어린이로부터 노인에 이르기까지 연령대가 폭넓게 있다는 부분이다.

청년의 정신 상태는 노인의 정신 상태와 다른 발달 단계에 있다. 따라서 젊은 이가 심리 치료가에게 상담하는 문제는 노인이 상담을 원하는 문제와 다르다. 인생의 전반기를 보내는 사람의 문제는 본능의 적응과 연관이 있으며, 인생의 후반기를 보내는 사람의 문제는 자기 자신의 존재에 대한 적응과 관련이 있다.

두 번째 이유는 심리요법이 효과를 얻기 위해서는 환자의 성장을 촉진시켜야 한다는 점이다. 심리 치료를 하는 사람에게 있어서 성장의 의미, 성장 과정이 무엇인지, 어떻게 더욱 빠른 성장을 이루어야 하는지를 알고 있음은 대단히 중요하다.

융은 수많은 경험을 한 뒤 인격의 발달에 관한 기본 개념을 만들었다. 이 장에서는 이 개념들을 검토하기로 하겠다.

01 개성화

한 사람의 인생은 아직 분화가 안 된 전체의 상태에서 시작된다. 그 뒤 씨가 식물로 생장하듯 개인은 분화의 과정을 거쳐 균형을 갖춘 인격으로 성장한다. 혹은 그것이 발달되는 방향이다. 혹시 분화가 완전하거나 균형, 통일을 이룬 사람이 설사 있어도 그 수는 매우 드물며 융에 의하면 예수나 석가모니만이 거기에 가깝다. 태고 유형의 강한 영향을 받는 사람이라면 완전히 자기인 상태 또는 자기실현에 대한 노력을 피할 수 없지만 그 표현이 어떤 과정을 거쳐 실현될 수 있을지는 사람에 따라 다르다.

'개성화'는 융의 발달 개념의 중심에 있다. 제1장에서 설명한 다양한 인격 체계는 한평생을 거쳐 더욱더 개성화되어 간다. 즉, 각 체계가 다른 모든 체계들에서 분화의 과정을 거칠 뿐만 아니라 심지어 그 자체 안에서도 분화한다는 점이 중요하다. 애벌레가 나비로 자라 듯 체계의 구조는 처음에는 단순해도 점차 복잡한 구조를 띤다. 복잡한 구조는 다양한 방법으로 자기 자신을 표현할 수 있는 구조를 뜻한다. 예를 들어 자아가 미발달됐을 때 의식화되는 방법은 단순하다. 개성화되면서 자아의 의식적 행위는 다양해지고 확대된다. 개성화된 자아는 다양한 세계 지각의 작은 부분까지 분별할 수 있으며 여러 생각 사이의 미묘한 관계를 이해하고 객관적 현상 속 숨겨진 깊은 의미를 알아낸다.

마찬가지로 페르소나, 아니마, 그림자처럼 집단무의식의 태고 유형과 개인무의식의 콤플렉스도 개성화되면서 그 방식이 복잡하고 미묘해진다. 융이 말한 바에 따르면 개성화가 진행되면서 인간은 더욱 좋은 상징을 계속 찾는다는 뜻은 개성화가 발전하면서 더욱 정교하고 정확한 배출구가 필요해졌다는 뜻이다. 이를테면 어린이는 단순한 자장가나 놀이에도 만족을 느끼지만 개성화된 어른은 그것으로 만족하지 않는다. 어른은 문학, 예술, 종교, 사회제도 등 더 복잡한 상징체계를 필요로 한다.

개성화는 천성적으로 자율적 과정이다. 외적 자극을 필요로 하지 않고도 개성화를 이룰 수 있다. 개인의 인격은 몸의 성장처럼 자연스럽게 개성화되도록 정해져 있다. 몸의 건강한 성장을 위해서 음식물을 적절히 섭취하고 운동을 해 주어야 하듯 인격의 건강한 개성화를 위해서는 적절한 체험과 교육이 필요하다. 만일 부적합한 음식물을 섭취하거나 운동이 부족하면 성장 부진, 기형, 병의 원인이 될 수 있듯이 경험과 교육에 문제가 있으면 인격은 일그러진다. 융은 현대 세계는 그림자의 태고 유형의 개성화를 위한 적절한 준비를 하고 있지 않음을 지적한다.

어린이가 동물적 본능을 나타냈을 때 대부분 부모가 꾸중을 하지만 그렇다고 해서 그림자의 태고 유형이 사라지는 것이 아니라―무슨 짓을 해도 그것은 사라지지 않는다―억압될 뿐이다. 그림자는 인격의 무의식 영역으로 되돌아와서 원시적 미분화 상태에 머무른다. 그 후 억압의 장벽을 부수면―가끔 그렇게 되지 않을 수 없다―그림자는 난폭하지만 병약한 몰골을 드러낸다. 근대의 폭력적 사디즘과 에로 문학의 노골적 외설은 미분화된 그림자 작용의 좋은 예이다.

인격의 체계는 의식함으로써만 개성화할 수 있다. 어쩌면 교육의 궁극적 목표는 무의식적인 것을 의식화하는 데 있으며 또한 그래야 할 것이다. 교육은 그 낱말의 어원이 나타내듯 개인으로부터 이미 생겨나려는 상태에 있는 것을 끌어내는 것이지, 빈 그릇에 지식을 채우는 것이 아니다.

건전한 발달을 위해서는 인격의 모든 면에, 골고루 개성화의 기회를 주어야 한다. 인격의 일면을 소홀하게 여기는 사람은 비정상적으로 발달한다.

한 체계가 지나치게 팽창하면, 인격 중 균형을 잃는 인격이 발생한다.

어린이를 보살피는 사람이 인습적 행동 기준에 중점을 둔 경우를 가정해 보자. 그런 사람 밑에서 자란 어린이는 좋아하지 않는 일을 좋아하는 척하며, 좋아하는 일을 좋아하지 않는 척하게 될 것이다. 그 어린이는 전통적 가치 체계를 뒤쫓아 생각하고 행동하도록 교육받을 것이다. 융의 용어를 빌리자면, '팽창된 페르소나'를 발달시킨다. 이런 성장 과정을 거친 사람의 의식적 행동의 특징은 열정, 활기, 자발성이 부족하다. 그는 사회의 꼭두각시이자 가면에 지나지 않는다.

심리요법은 첫째로 개성화의 과정이다. 융은『심리학과 연금술』에서, 어느 환자의 꿈과 환상에 드러난 개성화의 과정을 추구하고 있다.「개성화 과정의 연구」라는 논문 속에서, 융의 치료를 받던 중년 여성이 그린 수채화에 개성화가 표현되어 있다. 만다라 모양의 그림이었다.

만다라는 정신을 나타내는 원인데, 미묘하게 균형 잡힌 무늬가 들어 있다. 연속된 무늬를 분석해 보면 이 여성의 개성화의 이야기가 만들어진다. 융이 말하길 환자들이 종종 만다라 그림을 그림으로써 효과를 보인다고 한다. 융의 논문「만다라의 상징에 관하여」에는 53개의 만다라 그림이 들어 있다.

02 인격의 통합

융 심리학에서 돋보이는 주제 중 하나가 인격의 통합이다. 인격이 그처럼 많은 판이한 체계들—하지만 적어도 그중 몇 개는 대립하고 있다—로 이뤄져 있을 때, 통합이 달성되는 과정과 방법은 무엇일까? 이를테면 그림자와 페르소나가 어떻게 전체의 두 부분으로 될 수 있는가를 설명하기는 상당히 어렵다.

앞에서 설명한 바와 같이, 통합의 제1단계는 인격 모든 면들의 개성화가 이루어져야 한다. 제2단계는 융이 '초월 기능'라는 것에 여러 경향들을 통일하고, 전체성의 목표로 나가는 것이다. 융의 말에 따르면 초월 기능의 목적은, 태아의 배원질 속에 숨어 있던 인격을 모든 면에서 실현하고, 잠재해 있던 전체성을 펼쳐서 결실을 맺는 데 있다.

통일과 자기의 태고 유형은 초월 기능에 의해 실현된다. 초월 기능은 개성화의 과정과 마찬가지로 선천적으로 타고난 것이다.

앞서 우리는 개성화와 통합을 별개의 과정이라고 말했는데, 사실 두 과정은 보조를 맞춰서 나간다. 인격 발달에 있어 분화와 통합은 공존 과정이다. 두 과정이 함께 이루어지면서 궁극적으로 완전한 자기의 상태를 실현한다.

초월을 설명할 때 남성 인격의 남성스러운 면과 아니마의 통합을 살펴보자. 이 두 요소는 억압되기보다는 오히려 의식적 행동에 표현되면서 점점 개성화되는 동시에 혼합체를 이룬다. 즉, 의식적 행동이 남성 본성의 두 측면을 나타내는데 대립이나 분리가 아니라 조화를 이룬 혼합이 이뤄진다. 자기의 아니마를 남성스러움과 합친 남성은 때때로 남성적으로 행동하고, 때때로 여성적으로 행동하는 사람이 아니다. 부분만 남성이나 여성이 아닌 오히려 대립물의 통합이 이루어져 있다. 초월이 생물학적 의미의 성별의 제외한 나머지 성별을 제거했다고 말할 수 있다.

물론 완전한 자기의 상태는 인격이 그것을 향해 나가는 이상에 불과하며, 달성되는 경우는 매우 드물다.

그러므로 인격의 완전한 개성화와 통합의 실현을 방해하는 요소를 살펴야 한다. 융은 한쪽으로만 삐뚤어진 인격의 밑바닥에는 유전이 있을지도 모른다고 생각했다. 개인은 선천적으로 외향성 또는 내향성의 소질을 강하게 가지는지도 모른다. 선천적으로 그의 아니마나 그림자가 강하거나 약할지 모른다. 그러나 인격에 대한 유전의 영향 문제에 대해서는 거의 모른다.

환경은 인격의 발달에 큰 영향을 주는 또 다른 요인이다. 융 또한 다른 위대한 심리학자처럼 사회 비평가였다. 그는 인격의 발달을 저해하고 망치는 환경요인을 탐구하고 살펴보았다. 인격의 발달에 환경이 이로운 영향을 주기도 한다. 개인의 타고난 성질들을 키우고, 그 사이의 균형을 맞춘다. 환경이 발달에 해로운 영향을 주는 경우는 개인이 갖춰야 할 영양을 빼앗거나 잘못된 영양을 줄 때이다.

부모의 영향력

심리학자 중 인격의 발달을 연구하는 이들은 어린이들의 성격 발달에 중요한 역할을 하는 요소가 부모라는 분명한 전제를 강조한다. 아이가 나쁜 짓을 하면 교육을 한 부모가 비난받고, 좋은 일을 하면—그만큼 자주는 아니지만—칭찬을 받는다. 융 또한 분명히 이를 인정하고 있다.

하지만 융은 부모의 행동이 아이의 인격에 어떤 영향을 끼치는지 새로운 의견을 제시한다. 우선 아이는 태어난 뒤 몇 년 동안은 별개의 '자기동일성'이 없다. 부모 정신을 반영한 것이 아이의 정신이다. 따라서 부모가 어떤 정신적 혼란이 있다면 그것마저도 반영된다. 그래서 부모를 분석해야 아이의 심리 치료법이 가능하다. 아이의 꿈은 아이 자신의 꿈이라기보다 부모의 꿈이라고 융은 말한다.

그가 말하고 있는 어떤 예에서는 아이들의 꿈을 통해서 아버지가 분석되었다. 아들의 꿈은 당시 아버지의 정신 상태를 비춰 주었다. 등교할 나이가 되면 부모와의 동일화는 서서히 힘을 잃으며 아이의 개성이 발달하기 시작한다. 물론 부모가 아이를 과보호하고 결정을 강요하며, 아이가 경험할 수 있는 일을 막음으로써 아이를 계속 지배하려는 위험성이 있다. 이런 환경 아래에서는 아이의 개성화가 방해당하고 꺾인다.

그리고 부모 또는 한쪽이 아이에게 자신의 성향을 요구하거나, 부모 자신의 정신에 부족한 면을 과도하게 아이의 인격에서 발달시키려는 경우에도 아이의 개성화는 방해받을 것이다. 이를테면 내향적 성향의 부모는 아이가 부모처럼 되기를 바랄지도 모르지만 반대로 외향적으로 되기를 바랄지도 모른다. 어느 경우든 아이 인격의 균형은 깨질 것이다. 부모가 각각 자신들의 전혀 다른 정신 구조를 아이에게 투사하려고, 아이를 두고 싸움을 한다면 더욱 해로운 결과를 가져올 것이다.

어머니의 역할과 아버지의 역할은 전혀 다르다. 어머니와의 관계에 따라 사내아이의 '그림자'의 발달 방향이 결정된다. 여자아이는 정반대의 경우이다. 부모는 모두 여자아이의 '페르소나'의 형성에 중요한 영향력을 끼친다.

교육의 영향력

제1부에서 말한 내용처럼 융은 학창 시절 동안, 특히 그를 이해해 주지 않은 교사들과의 관계로 기분이 좋지 않은 경험을 숱하게 했다. 공부해야 했던 과목의 대부분은 지루하였다. 융은 교육자들에게 여러 번 아동기와 청년기의 정신발달을 이해해야 한다고 강조하였는데 이는 학창 시절의 일을 회상했기 때문일 것이다. 융은 교사가 학생의 인격 발달에 끼치는 영향은 지적 발달과 학업 성적에 대한 영향과 같은 중요함이 있다고 느꼈다.

따라서 교사는 심리학도 배워야 하며 더 중요한 점은 교사가 되려는 사람에 대한 교육은 자기 자신의 인격을 알아야 하는 내용이 포함된다. 그렇지 않다면 교단에 선 교사는 언제나 자신의 콤플렉스와 문제를 갖고 학생들에게 그것들을 투사할 것이다. 부모의 정신적 문제를 반영하는 대상이 어린이이듯 교사의 정신적 문제를 반영하는 대상은 학생이다.

"모든 교사에게 분석 치료법을 받게 하는 일은 무리지만, 적어도 교사라면 자기의 꿈을 기록함으로써 분출하는 무의식을 자기 자신에 대한 무언가를 배울 수 있는 데 쓰고 최대한 힘써야 한다"고 융은 권고하고 있다.

융은 교사는 어린이의 개성화에 대해 가장 강한─부모보다도 강한─영향력을 행사할 수 있음을 믿어 의심하지 않았다. 교사는 학생의 무의식이 자아에 인식될 수 있도록 훈련되어 있다. 아니 훈련되어야 한다. 그리고 교사는 본능에서 에너지를 끌어올 수 있는 새롭고 풍부한 상징을 학생에게 주고, 의식을 넓혀 주어야 한다. 교사는 학생의 인격에서 부조화를 인식하여, 약한 요소를 강화시킬 수 있게 도와주는 입장에 있다.

지나치게 발달한 '사고적 유형'의 학생에게는 미분화된 감정 기능을 활용할 수 있게 격려하고, 내향적 성격의 학생에게는 약한 외향성이 발달하도록 격려해야 한다. 특히 여교사는 남학생의 아니마의 상태를, 남교사는 여학생의 아니무스의 상태를 알아 두는 것이 중요하다. 그렇지만 교사의 가장 중요한 역할은 학생들 개개의 개성을 인식하여 이 개성의 균형 있는 발달을 돌보는 데 있다.

기타 영향력

개인이 살아가는 넓은 사회도 개인의 인격 통합에 많은 영향을 준다. 융은 어떤 인격의 유형을 더 좋아하는지에 대한 유형의 변화가 있음을 지적한다. 역사 속 어떤 시대에서는 감정이 일반적이지만 다른 시대가 되면 사고가 일반적일 수 있다. 아니마는 어떤 시대에 억압되지만 어떤 시대가 되면 찬사를 받을 수도 있다. 이런 유형의 변화에서 인격의 불균형이 빈번하게 발생한다. 1960년대 후반에 이르러 남성의 아니마와 여성의 아니무스가 이전보다도 더 급격히 개성화하기 시작했다. 그와 동시에 페르소나가 축소되면서 전후에 일어난 세대에게는 의식의 확장이 목적이었다.

그리고 융은 서로 다른 문화는 서로 다른 인격의 유형을 형성한다고 말한다. 이를테면 동양에서는 내향성과 직관을 선호하지만, 서양에서는 외향성과 사고가 존중된다.

개성화는 개인에게만 작용하는 과정이 아니라 인류의 세대에서 세대로 거쳐, 그리고 문명인과 미개인 사이에서 작용하고 있다. 고대인보다 현대인이 훨씬 개성화되어 있으며, 문명인이 미개인보다 개성화되어 있다. 이는 실제로 구태의연한 사고방식과 행동으로는 현대인의 인격에 대한 요구를 충족시키지 못함을 뜻한다.

융의 논리에 따르면, 현대인은 더 높은 수준의 개성화를 표현하기 위해 더 복잡한 상징을 필요로 한다는 뜻이다. 르네상스는 새로운 상징이 많이 창조됨으로써 굉장한 변화를 이룬 시대였다. 융은 오늘날 상징체계의 르네상스가 또 한 번 필요하다고 주장한다. 활기넘치는 상징이 부족하면, 억압 때문에 발달되지 못한 태고 유형이 해방되어 원시적이고 자기파괴적 행동이 생긴다.

옛날에는 현대보다 종교가 개인의 개성화와 인격의 통합을 보조하는 데 훨씬 더 큰 역할을 했다. 이는 종교가 개인에게 자기인 상태를 실현할 수 있는 힘 있는 상징을 제공하기 때문이다. 종교 조직이 사회 개혁 등 사회적 문제로 인해 태고 유형적 상징의 활기를 유지하는 데 소홀해짐으로써 개인의 정신발달에 대한 종교의 가치는 줄어들었다.

심리학과 종교에 관한 융의 많은 저작 속 견해는 다소의 목사에게 영향을 끼쳤다. 분석심리학의 훈련을 받은 목사가 종교의 범위를 벗어나지 않는 선에서 카운슬링을 하는 '목사 카운슬링'이 발달한 현상 또한 그 성과 중 하나이다. 특히 젊은이들 간에 각종 종교적 체험에 대한 흥미가 생기는 것 또한 융의 저서의 영향을 받아서인지도 모른다.

03 전진과 퇴행의 상호작용

앞 장에서 퇴행의 개념에 관해서 논의한 바 있다. 인격 역학의 입장에서 본다면, 퇴행은 리비도의 역류를 뜻한다. 이 장에서는 발달의 입장에서 퇴행을 논의해 보겠다.

발달은 앞으로 향해 가는 전진이면서 뒤로 향하는 퇴행인지도 모른다. 전진은 의식적 자아가 정신 전체의 욕구들이 현실과 잘 조화되게 함을 뜻한다. 환경에서 생기는 욕구불만으로 이 조화가 무너지면, 리비도는 환경의 외향적 가치에서 거두어져 무의식의 내향적 가치로 옮겨 간다. 융은 리비도를 이처럼 자기한테로 회수하는 현상을 '퇴행'이라고 부른다. 개인이 욕구불만이 있을 때 문제의 해결을 무의식 속에서 발견한다면, 퇴행은 적응하는 데 긍정적 영향을 끼친다. 이미 설명한 바와 같이 무의식은 개인과 민족의 과거 지식과 지혜를 담는다. 융은 조화와 통합을 이루거나 유지하기 위한 방법으로 시끄러운 세상에서 떨어져 조용한 명상을 하기를 적극 권한다. 창조적인 사람들의 대부분은 무의식이라는 거대한 자원에 참여함으로써 생기를 되찾기 위해, 정기적으로 세상의 소란에서 물러나 있다. 융도 볼링겐의 별장에 들어앉아 남들에게 권한 부분을 직접 실행했다.

물론 우리는 밤이 되면 잠 속으로 물러난다. 밤은 마음이 외부 세계와 거의 차단되어 그 자체 안에 들어앉아 꿈을 만들어 내는 시간이다. 이처럼 밤마다 무의식 속으로 퇴행함으로써, 개인은 어떤 장애물이 발달을 방해하는지 도움이 되는 정보를 얻고, 어떻게 하면 그 장애물을 극복할 수 있는지 암시를 얻는다. 융에 따르면, 꿈은 정신 지혜의 풍부한 근원인데 안타깝게도 사람들은 자기가 꾸는 꿈에 그다지 신경을 쓰지 않는다. 융의 저서들 중에 인격의 태고 유형적 기반은 거의 없다. 꿈에 관한 융의 견해에 관해서는 제5장에서 더 자세히 설명하기로 한다.

다음 예를 통해 인격의 발달에서 전진과 퇴행의 상호작용을 알 수 있다. 어떤 개인이 페르소나를 지나치게 발달시켜 사회의 인습과 전통에 의해서만 움직이는, 마치 로봇 같은 인간이라고 하자. 그 결과 그는 생기가 없고 지루하고 초조하고 불만이 쌓임으로써 우울해진다. 마침내 현재 생활에서 벗어날 필요를 느끼고, 스스로 내달리기 시작한다. 순응의 가면을 벗고, 무의식 속에 숨겨진 자원을 발견한다. 그리고 기분을 다시금 새롭게 함으로써 기운을 얻고 자발적이고 창조적인 인간이 되어 이전의 꼭두각시 같은 모습에서 탈피해 일상생활로 돌아온다. 이런 재생의 전설은 퇴행의 이로움을 신화적인 형태로 표현하고 있다.

유감스럽게도 위의 예는 이상적인 예이다. 인습에 사로잡혀 있는 사람들 대부분이 도박, 싸움, 주색 등의 기분 전환으로 행동한다. 하지만 이는 어떤 이득도 줄 수 없는 무가치한 일이다.

발달은 일생에 걸쳐 이루어지는 연속적 과정이지만 중요한 변화기를 몇 번 지나면서 '인생의 여러 단계'를 형성한다. 셰익스피어는 일곱 단계로 표현했지만 융은 네 단계로 구분하고 있다.

아동기

이 단계는 출생부터 시작해 사춘기 또는 성적 성숙기까지 계속된다. 출생 때와 그 후 몇 년간은 어린아이에게 별다른 문제가 생기지 않는다. 문제가 발생하려면 의식적 자아가 있어야 하는데, 어린아이는 의식적 자아가 없기 때문이다. 물론 어린아이에게도 의식은 있지만, 지각이 체계적으로 조직화되어 있지 않고, 그의 의식적 기억은 별다른 쓸모가 없다. 따라서 의식의 연속성도, 자기동일성의 감각도 없다. 본능이 정신생활을 지배하는 최초의 몇 년 간 어린이는 부모에게 절대적으로 의존하고 있어 부모가 만든 정신적 분위기에 휩싸여 살게 된다. 그의 행동은 무질서하고 규율과 통제가 이뤄지지 않으며 혼란스러운 상태에 있다. 정기적으로 허기짐과 갈증을 느끼고, 방광 또는 장이 가득 차면 배설하고 피로를 느끼면 잔다. 그러나 생활 속 질서 대부분은 미리 부모가 정해 둔다.

이 단계의 후반에 접어들면 일부분은 기억이 지속되는 결과로서, 또 일부분은 자아 콤플렉스의 주위에 자기동일성의 감각—나—과 연결된 지각이 쌓인다. 에너지를 받은 자아 콤플렉스는 개성화되면서 자아가 형성된다. 그때 어린이는 자기 자신을 1인칭으로 말하기 시작한다. 학교에 들어가면서 부모의 닫힌 세계, 또는 심리적 자궁에서 빠져나오기 시작하는 것이다.

청년기와 젊은 성인기

사춘기 때 일어나는 생리적 변화로 이 단계가 시작되었음을 알린다. 생리적 변화는 정신적 혁명을 동반한다. 융은 이 시기를 '정신적 탄생'이라고 불렀는데 이 시기에 정신이 형성되기 시작하기 때문이다. 청년이 열정적으로 힘을 다해 자기주장을 한다면 이는 분명하게 정신적 혁명이 시작된 것이다. 청년기—이때는 인내하기 어려운 시기라고 말하는데 부모도 자신도 견디기 어렵기 때문이다—동안, 정신은 모든 문제와 결단해야 한다는 부담을 갖고 여러 가지 방법으로 사회에 적응해 간다. 개인이 인생의 갖가지 요구들에 부딪히면 여러 문제가 발생한다.

만일 개인이 충분한 각오, 적응력, 자각이 있다면 아동기 활동에서 직업 생활로의 변화하는 과정은 용이하게 이뤄진다. 하지만 만일 아동기 환상에 얽매여 현실을 인식하지 못하면 위험하고 복잡한 문제에 맞닥뜨린다.

책임 있는 생활을 할 때는 누구나 일종의 기대가 있다. 이 기대는 종종 무너지는데 이는 개인이 맞딱드리는 상황과 기대가 불일치하기 때문이다. 예를 들면 어느 젊은이는 항공기 조종사를 꿈꾸면서 젊은 시절을 보냈지만 그 뒤 시력이 나빠져 조종사에는 부적합하다고 들음으로써 기대가 무너진다. 간단히 원하는 직업을 바꿈으로써 기대를 돌릴 수도 없다. 기대가 무너지는 또 다른 이유는 개인이 큰 기대를 품거나 지나치게 낙관적 또는 비관적이거나, 부딪히는 문제를 얕잡아보기 때문이다.

제2단계에서 발생하는 문제 전부가 직업이나 결혼처럼 외부 사정과 관련이 있지는 않다. 또한 정신적, 내적 문제도 생긴다. 융은 성 본능에서 생기는 균형의 혼란이 문제를 일으키는 경우도 많음을 지적한다. 마찬가지로 극단적 과민성과 불안정에서 생기는 열등감도 문제가 된다.

청년기에는 수많은 문제가 있는데 공통된 특징이 있다. 그것은 아동기의 의식 수준에 머물러 있는 것이다. 우리 속 어떤 감정 — 어

린이의 태고 유형 ─ 이 어른이 되기보다 어린이 상태에 있는 인생의
제2단계에서 개인이 겪는 문제는 오히려 외향적 가치와 관계를 맺
는다. 그는 세상 안에서 자기 위치를 정립하기 위해 의지의 강화가
중요해진다. 젊은 남녀는 합리적으로 결단을 내리고, 부딪히는 무수
한 장애물을 극복함으로써 자기 자신과 가족을 위해 물질적 만족을
얻을 수 있도록 해야 한다.

중년기

제2단계는 35세부터 40세 사이 어디쯤에서 끝이난다. 이 나이대
의 개인은 어느 정도 외적 환경에 잘 적응한다. 안정된 지위가 있고
결혼해서 자녀가 있고 시민으로서 사회 활동을 적극적으로 한다. 이
따금 좌절, 실망, 불안을 느끼지만 이를 배제하면 중년 남녀는 인생
후반을 비교적 안정된 상태로 살 수 있을 걸로 기대할지도 모른다.

그러나 그렇지가 않다. 인생 후반에는 그 시기 나름의 적응 문제
가 있는데 대부분 개인은 이에 대한 각오가 준비되어 있지 않다. 이
전까지 외적 적응에 쓰던 에너지를 새로운 가치들로 바꿔야 하며 생
활 또한 변화를 주어야 한다.

35세 이후부터 새롭게 인식해야 할 가치는 어떤 것일까? 융은 말
하길 정신적 가치라고 한다. 정신적 가치는 이전부터 정신 속에 늘
잠재해 있었지만, 젊은 시절에는 외향적, 물질주의 가치에 대한 흥
미로 소홀히 여겨졌다. 인생의 가장 큰 도전 중 하나는 제2단계 동

안 이룩한 낡은 물길에서 새로운 물길로 정신 에너지를 돌려야 하는 것이다. 대부분 사람이 이 도전을 감당하지 못할뿐더러 인생을 망가뜨리는 사람도 있다.

심리학자들은 유년기, 아동기, 청년기, 노년기만 집중적으로 연구할 뿐 이런 결정적 시기에는 거의 관심을 갖지 않았다. 융은 중년기 심리를 이해하려 했던 얼마 되지 않는 심리학자 중 한 사람이었다. 그에 따르면, 이 문제를 생각해야 했던 까닭은 그의 환자 대부분, 3분의 2 이상이 제3단계에 있었기 때문이다. 이 단계로 옮길 때 융 자신의 경험도, 그가 이 시기에 흥미를 품은 원인 중 하나인지도 모른다. 융은 36세 때 프로이트와 결별을 예고하고 융의 연구와 사상의 바탕이 된 저서 『변형의 상징』을 썼다. 그의 자서전에 따르면, 이 책이 출간되고 난 뒤 얼마 동안 불모 시대가 이어졌다고 한다. 그것은 자궁 안에서 새로운 가치가 자라던 시기가 아닌가라는 추측을 하게 된다.

대부분 융의 환자는 직업에서 최고의 업적을 남기고 커다란 성공을 했으며 명망 있는 사회 지위에 있는 남녀들이었다. 어째서 그들은 융을 찾아가 의논하려 했을까? 그들이 융의 상담실에서 은밀히 고백을 해야만 했던 이유는 인생에서 정열과 모험심이 사라졌을 뿐만 아니라—이는 그들의 나이를 생각하면 이해될 것이다—그 의미조차 없어졌기 때문이다. 그전에는 굉장히 중요하게 여겨진 것이 중요하지 않게 되고 인생은 공허하며 무의미하게 생각됐다. 그로 인해 그들은 우울 상태에 빠졌다.

융은 그들이 우울해진 이유를 발견했다. 사회적 지위를 얻기 위한 활동에 집중된 에너지가 사라진 것이다. 그 이유는 그들의 목적이 이뤄졌기 때문이다. 가치의 상실은 인격 속에 빈 곳이 생기게 한다.

그렇다면 어떻게 해야 하는가? 대답은 분명하다. 낡아빠진 가치를 대신하여, 빈 곳을 메울 수 있는 새로운 가치를 만들어야 한다. 단순한 흥미 수준이어서는 안 된다. 순전히 물질주의적 과정을 뛰어넘어 개인의 영역을 크게 할 수 있는 가치여야 한다. 그 영역은 정신적, 문화적 영역이다. 비로소 활동이 아닌 명상으로 자기를 실현해야 할 때이다.

융은 말하길 "아직 적응하지 않고, 아무 일도 이루지 않은 젊은이에게는 자기의 의식적 자아를 가능한 한 효과적으로 만드는 것, 즉 자기의 의지를 훈련하는 일이 가장 중요하다…… 그러나 인생의 후반기에 있는 사람, 즉 자기의 의지를 훈련할 필요가 없고 자기의 뜻을 분명히 이해하고 있으며, 자기 자신의 내적 존재를 체험해 가야 할 사람의 경우에는 그렇지 않다."

노년기

인생에서 굉장히 나이를 많이 먹은 시기로 거의 융의 관심을 끌지 않았다. 노년기는 어떤 점에서 본다면 아동기와 비슷하다. 개인은 무의식 속에 파묻힌다. 어린이는 의식으로 떠올라오지만, 노인은 무의식 속에 깃들어 마침내는 그 속에서 없어진다.

몸이 죽었을 때 인간 인격의 존재는 어떻게 될까? 죽은 뒤에도 인생은 남아 있을까? 심리학자가 이 문제에 대한 해답을 찾는다면 이상하고 기묘해 보일지도 모른다. 융은 내세 문제에 대한 생각도 게을리하지 않았다. 세계의 많은 사람이 믿는 여러 종교의 제1요소이며, 숱한 신화와 꿈의 테마인 내세의 관념을 단순한 미신으로 치부함으로써 배제해서는 안 된다고 여겼다.

이 관념에 어떤 무의식적 기반이 반드시 있을 것이다. 어떤 가능성으로 보면 죽은 뒤의 삶이라는 관념이 정신이다. 정신은 완전한 자기실현을 이루지 않기 때문에 죽은 뒤에도 정신생활은 계속한다고 여길 수도 있다.

정리

　인격의 성장은 뒤섞인 두 가지 실로 이루어져 있다. 즉, 정신체계를 이루는 여러 가지 구조의 '개성화'와 통일된 전체—자기의 상태—를 향한 구조들의 '통합'이다. 성장 과정은 유전, 어린 시절 부모와의 경험, 교육, 종교, 사회, 나이 등 수많은 조건에 따라 긍정적이거나 부정적인 영향을 받는다. 인생 중년기에는 발달에 근본적으로 변화가 생성된다. 그것은 외적 세계에 대한 적응에서 자기 내적 존재에 대한 적응으로 옮겨 간다.

CARL GUSTAV JUNG

제4장
개인의 성격을 유형화하다

1921년에 융은 『심리학적 유형』의 연구 결과를 출간했다. 그는 머리말에서 다음과 같이 말했다.

> "이 책은 응용심리학 영역에서 약 20년간에 걸쳐 얻은 연구 결과이다. 그것은 신경병 치료에 종사한 정신과 의사가 겪은 수많은 인상적 경험, 사회 각계각층에 분포한 남녀들과의 교제, 친구를 비롯해 적과의 사적 관계, 그리고 나 자신의 심리학적 특이성의 비판을 바탕으로 내 머릿속에서 서서히 자리를 잡고 이루어져 갔다."

융이 『심리학적 유형』 속에서 이룬 성과는 이중의 중요성이 있다. 그는 기본적 심리학 과정을 몇 개 구별하고 설명한 뒤 어떻게 이 과정들이 여러 가지 결합 속에 녹아들어 개인의 성격을 이루는지를 설명했다. 그는 우선 일반심리학의 보편적 법칙과 과정을 개인심리학으로 바꾸어 개인의 남다른 특징과 행동을 밝혔다. 그 성과는 매우 실천적 심리학이라고 밝혀졌다. 융은 "사람의 정신이 얼마나 크게 다른지를 알아낸 일이 인생에서 겪은 가장 큰 경험 중 하나다"라고 말했다.

먼저 기본적 태도와 기능을 제시하고, 그 다음은 그 태도들과 기능이 다양한 비율로 여러 가지와 결합해서 만드는 인간의 모든 유형을 설명해 보자. 그리하여 각각의 경우에 대한 추상 개념의 응용이 어떻게 이루어졌는지를 설명하겠다. 명심할 내용은 유형은 범주기 때문에 그 범위 안에 있는 사람들은 비슷하지만 특징이 같은 것은 아니다. 같은 범주에 들어 있는 사람 중 어느 두 사람을 골라서 보아도 그 '인격의 원형'이 완전히 같지는 않다.

　　융이 외향성과 내향성, 두 가지 기본적 태도를 구분했음은 유명
하다. 이 구분은 그가 분류한 체계의 한 차원을 이룬다. '객관적'과
'주관적'을 구분할 수 있어야 중심 용어들의 뜻을 제대로 파악할 수
있다. '객관적'은 개인을 둘러싼 외부 세계, 즉 인간과 사물, 관습과
풍습, 정치적, 경제적, 사회적 제도, 물리적 조건의 세계를 뜻한다.
이 객관적 세계는 환경, 주위 또는 외적 현실로 불린다. '주관적'은
정신의 내면세계, 즉 개인적 세계를 뜻한다. 그것이 개인적인 이유
는 외부 사람은 직접 접근할 수 없기 때문이다. 심리요법이나 자기
꿈을 분석하는 도움을 받지 않으면 무의식의 정신요소에 접근하기
어려운 경우가 많다. 외향성에서 정신 에너지, 즉 리비도는 객관적
외부 세계의 본보기로 흐르며 대상, 인물, 동물 등 객관적 사실과 조

건에 관한 지각, 사고, 감정에 따른다. 리비도는 내향성에서 주관적 정신 구조와 정신 과정으로 흐른다. 외향성은 객관적 태도이며, 내향성은 주관적 태도이다.

두 가지 태도는 서로 대립하면서 번갈아 드러나거나 드러나도 의식에 공존하지 못한다. 개인은 때에 따라서 외향적일 수도 내향적일 수도 있다. 그렇지만 개인 일생에서 대개 어느 한쪽이 우위에 있다. 객관적 지향이 우위를 차지하면 그는 '외향자'라고 할 수 있으며 주관적 지향이 우위를 차지하면 '내향자'라고 불린다. 내향자는 자기의 내적 세계를 탐구하고 분석하는 일에 흥미가 있다. 내성적이며 신중하고, 자기 마음속 사건들에 관심을 기울이고 있다. 그런 사람은 타인에게는 고독하고 비사교적이며 보수적으로 보일 것이다. 외향자는 자기와 타인 및 사물의 상호작용에 관심이 있다. 그는 활발하고 타인과의 교제에 능하며 주위의 일에 흥미를 느끼는 것처럼 보인다.

어느 쪽이 우위를 차지한다고 해도 어디까지나 정도의 문제이다. 개인은 다소 외향적이거나 내향적인 성향이 있으나 전면적으로 외향적이거나 내향적인 사람은 잘 없다. 융은 "외향성 메커니즘이 우위에 있을 때만 그 행동 방식을 외향적이라고 말한다"라고 했다

게다가 의식에 드러난 태도와 전혀 다른 태도가 무의식에 있기 때문에 구분이 모호해진다. 의식에서 외향적 태도를 표현하는 사람은 무의식에서 내향적 태도가 존재한다. 무의식이 정신 안에서 보상의 역할을 하는 대표적 예로 볼 수 있다.

외향적 또는 내향적 태도는 무의식적일 때와 의식적일 때 전혀 다른 특징이 있음을 기억해야 한다. 의식적 외향자 또는 내향자는 외향성 또는 내향성을 의식적 행동으로 직접 드러낸다. 이 행동은 타인에게 금방 성향을 들킨다. 외부 세계 일에 얽히기를 좋아하지 않고 매사 신중하고 소극적인 사람을 볼 수 있다. 그는 깊은 생각을 하는 듯이 보인다. 보상 역할을 하는 무의식적 태도는 실은 억압되어 있기 때문에 뚜렷이 표현되지 않는다. 만일 개인이 평소와 다른 이상한 행동을 한다면 무의식적 태도가 간접적으로 행동에 영향을 끼친 것이다. 예를 들어 외향적인 사람이 갑자기 우울해하거나 고집을 부리거나 비협조적을 군다면 다른 사람은 "기분 나쁜 일이라도 겪었나요?" 하고 묻는다. 기분은 그의 무의식이다. 그는 잠시나마 억압된 내향성의 포로가 된 것이다.

무의식적 과정은 의식적 과정만큼 발달했거나 분화된 상태가 아니기 때문에 억압된 태도의 영향을 받으면 행동은 본능적이고 거칠어지기 쉽다. 내향자가 특별한 이유 없이 갑자기 매우 난폭해지는 일 또한 그런 예이다. 그 밖에 융의 보상적 꿈의 이론에 의하면, 외향자는 꿈의 생활에서는 내향자이며 반면에 내향자는 자연 외향자가 된다.

02 사고, 감정, 감각, 직관

융의 유형학에서 심리학적 '기능들'은 태도만큼이나 중요하다. 사고, 감정, 감각, 직관의 네 기능이 있다. '사고'는 여러 관념을 이어서 일반 관념이나 문제 해결에 도달하는 기능이다. 달리 말하면, 사물을 이해하려는 지적 기능이다.

'감정'은 평가의 기능이며 어떤 관념이 상쾌한 감정을 불러오는지, 불쾌한 감정을 불러오는지에 따라 그 관념을 받아들일지 말지를 결정한다.

사고와 감정이 '합리적' 기능이라고 하는데, 두 기능 모두 판단 행위를 필요로 하기 때문이다. 사고에서는 둘이나 그 이상의 관념 사이의 연결이 진정으로 되어 있는지 여부가 판단의 요소이며, 감정에서는 어떤 관념을 두고 유쾌한지, 불쾌한지, 아름다운지, 재미있는지, 지루한지를 판단한다.

'감각'은 감관 지각이어서, 감각기관이 자극을 받을 때 생기는 모든 의식적 경험―시각, 청각, 후각, 미각, 촉각 및 몸 안에서 비롯되는 감각―을 포함한다. '직관'은 감각과 비슷한 점이 있는데 사고와 감정의 결과보다 직접적으로 주어지는 경험이라는 점이다. 즉 판단을 필요로 하지 않는다. 직관과 감각의 차이점은 직관을 가진 당사자가 그것이 어디서 왔는지, 어떻게 발생했는지를 모르는 점이다. 직관은 갑자기 나타난다. 모든 감각은 자극의 근원을 설명함으로써 이해할 수 있다. 즉, '이가 아프다'든가 '고래가 보인다'는 경우다. 하지만 무슨 일이 일어날 듯하다는 직관 또는 기분은 어떻게 알았느냐는 질문을 받아도, '왠지 그런 기분이 들었다'든가 '어찌됐든 그랬다'라고만 대답할 수 있다. 직관은 제6감 또는 초감각적 지각이라고도 말한다.

이성을 필요로 하지 않는 감각과 직관은 '비합리적' 기능이라고 한다. 이 두 기능은 개인에게 영향을 미치는 자극의 흐름에서 발달하는 심적 상태이다. 이 흐름에는 방향 또는 지향성이 없으며 사고와 감정이 가지고 있는 목표도 없다. 현재의 자극에 따라 무엇을 감각하느냐가 달라진다. 기분은 미지의 자극에 근거를 두고 있다. 융이 말하는 '비합리적'은 이성에 대치되는 것이 아니다. 감각과 직관은 애초 이성과 관계가 없다. 말하자면 무이성적, 무판단적이다.

융의 네 기능을 간단하게 정의한다. "이 네 가지 기능의 유형들은, 의식이 경험에 대해 지향하는 네 가지 방법들과 같다. '감각'―

감관 지각—은 무엇이 존재함을 알려 주고, 감정은 그것이 유쾌한지 불쾌한지를 알려 주며, 직관은 그것이 어디에서 와서 어디로 가는가를 알려 준다."

각 기능의 특징은 그것이 외향성과 결합하느냐 내향성과 결합하느냐에 따라 달라지므로, 여덟 가지 결합들을 개별적으로 논의할 필요가 있다.

'외향적 사고'는 자극을 받아 뇌에 제공되는 정보를 이용한다. 외부 세계에 있는 어떤 대상은 사고 과정을 활동시킨다. 사람들은 어떻게 씨앗이 싹을 틔우고 식물로 자라는가, 물을 어느 온도까지 데우고 어떤 과정을 거쳐 증기가 되는지, 언어는 어떻게 학습하는가를 설명하려고 한다.

대부분 사람들은 이 유형이 사고가 가능한 유일한 유형이라 생각하는데 융이 이 견해에 반대한다. 주관적으로 생각하는 '내향적 사고'가 있다는 것이다. 외부 세계에서 발생하는 일을 생각하는 것이 아니라 내적인 심적 세계에 대해 생각한다. 내향적으로 생각하는 사람은 관념 그 자체 때문에 관념에 흥미가 있다. 그가 외부 세계를 탐구하는 이유는 자기의 관념을 확실히 증명할 수 있는 사실을 발견하기 위해서이다. 과학에서는 이를 두고 연역적 생각이라고 부른다. 연역적 생각과 대비가 되는 생각은 관념, 가설, 개념이 사실의 정보에 근거해서 형성되는 귀납적 생각이다. 내향적 생각은 관념이 외부 세계와 관련 유무를 무시하고 관념에 관해 반복해서 새기는 일을 계속한다.

외향적으로 생각하는 사람은 그렇지 않은 사람과 비교했을 때 실천적이고 실제적이다. 그는 문제를 해결하는 사람이다.

'외향적 감정'은 외적 또는 객관적 기준에 좌지우지된다. 예를 들면 인간은 어떤 대상에 대해 전통적 미적 기준에 얼마나 일치하느냐에 따라 미추를 느낀다. 그 때문에 외향적 감정은 인습적이거나 보수적이 되기 쉽다. 내향적 생각처럼 '내향적 감정'은 내적 또는 주관적 조건, 특히 태고 유형에서 발생하는 이미지에 따라 생긴다. 이 이미지들은 사고 혹은 감정이므로 사고의 우위에 있으면 내향적 '사고'가 생기며, 감정이 우위에 있으면 내향적 '감정'이 생긴다. 내향적 감정은 창조적, 독창적, 비정상적으로 흐르는 경향이 있다. 일반적 통념과 다르기 때문에 다소 기이하게 보이기도 한다.

개인이 어떤 객관적 현실에 부딪혔는지에 따라 '외향적 감각'이 결정된다. 이에 반해 '내향적 감각'은 주관적 현실에 직면했을 때 특정한 시점에 따라 결정된다. 지각은 어떤 경우에는 대상을 직접 나타내지만 또 어떤 경우에는 정신 상태에 심한 영향을 받아 정신 속의 어딘가에서 나타난 것처럼 보인다.

'외향적 직관'은 모든 객관적 상황의 가능성을 찾아내려 하며 외적 대상에서 새로운 가능성을 지속해서 발견하려 한다. '내향적 직관'은 심적 현상의 가능성을, 특히 태고 유형에서 생기는 이미지를 찾는다. 외향적 직관은 대상에서 대상으로 이동하며, 내향적 직관은 이미지에서 이미지로 이동한다.

이제부터 태도와 기능의 결합이 어떻게 개인의 행동에 의식적으로 표현되는지 알아보자. 이 표현이 융의 유형학을 구성하는데, 그 것에 의하면 인간에게는 여덟 가지 유형이 있다. 융이 했던 것처럼 각종 유형의 극단적인 예를 설명하겠지만, 각각 유형에 분명 차이가 존재함을 기억해야 한다.

여덟 가지 유형

외향적 사고형

이 유형은 일생에서 객관적 사고를 가장 중요하고 지배적 위치에 올려 놓는다. 이 유형의 표본은 객관적 세계에 대해 가급적 많이 배우는 데 노력을 아끼지 않는 과학자이다. 그의 목적은 자연 현상의 이해, 자연법칙의 발견, 이론 구성이다. 외향적 사고형이 고도로 발달한 사람은 다윈이나 아인슈타인과 같은 사람이다. 외향적으로 생각하는 사람은 자기 안의 감성적 측면을 억압하기 쉽기 때문에 타인에게는 인간적 온화함이 없이 냉혹하고 거만하게 보일 수도 있다.

만일 억압이 강하면 감정은 다른 길로 새게 되기 때문에 때로는 편견이 생기거나 기이한 성격이 되고 만다. 그들은 독재적이고, 고

집을 부리며, 허세를 휘두르며, 미신적이며 비판을 수용하지 못한다. 덜 감성적이기 때문에 사고 또한 빈약하고 메마르기 쉽다. 그에 대한 극단적 예가 가끔 정신병적 괴물로 변하는 지킬 박사와 같은 '미친 과학자'이다.

내향적 사고형

이 유형의 사람은 생각은 내면을 향해 있다. 자기 자신이 존재하는 현실을 이해하려는 철학자나 실존심리학자를 표본으로 볼 수 있다. 극단적일 때 그들은 현실과 거의 무관한 연구 결과를 내놓는다. 그들은 결국 정신분열증에 걸려 현실과 단절될지도 모른다.

그들은 외향적 사고형과 동일한 특성을 많이 볼 수 있다. 억압되어 무의식 속에 있는 감정으로부터 자기 자신을 보호해야 한다는 이유 때문이다. 그들은 감동을 잘 받지 못하며 쌀쌀맞게 보인다. 중요하게 여기는 가치가 인간에 있지 않기 때문이다. 그들은 자기와 동일한 유형이며 열렬한 소수의 추종자가 있을 수 있으나 다른 사람들에게 자신의 생각을 인식시키는 일에 별로 관심이 없다. 그들은 고집이 세고, 완고하며, 분별없고 거만하고 쌀쌀한 경우가 많다. 내향적 사고형이 강화되면, 더욱 억압된 감정 기능의 이상하고 당돌한 영향에 사고형이 노출된다.

외향적 감정형

이 유형은 융에 따르면 여성들에게 많이 볼 수 있는데 이성보다 감정을 우위에 둔다. 매우 변덕을 심하게 부리는데 상황이 변함에 따라 감정도 달라지기 때문이다. 상황에 약간의 변화만 생겨도, 감정이 변한다. 그들은 잘난 체하며, 감정에 휘둘리며, 사치를 좋아하고, 기분파이다. 그들은 사람들에게 강한 애착을 표하지만 그 애착은 허무하며, 사랑은 순식간에 미움으로 변한다. 그들의 감정은 아주 평범한 동시에 늘 최신 유행하는 것과 오락을 좇는다. 사고 기능이 몹시 억압을 받고 있을 때는 외향적 감정형의 사고 과정은 원시적이며 미발달인 상태다.

내향적 감정형

이 유형 또한 여성에게 많이 볼 수 있다. 표현할 때 과장하는 외향적 감정형과는 달리, 내향적 감정형은 남들에게 자기의 감정을 드러내지 않는다. 말수가 적고, 접근을 쉽게 허락하지 않으며 무관심하고, 그 마음을 예측하기 어렵다. 우울 또는 의기소침함해 보이는 상태가 된다. 그렇지만 한편으로는 침착함, 강한 자부심, 내적 조화를 이루는 경우가 있다. 종종 그들은 타인의 눈에 신비스러운 힘 또는 카리스마가 있는 것처럼 보인다. 그들은 '조용한 물이 깊다'는 말을 듣는 사람이다. 실제로 매우 깊고 뜨거운 감정이 숨어 있기 때문에,

이따금 그것이 폭발하면 격정적으로 폭풍처럼 밀어 닥쳐 주변 사람들을 깜짝 놀라게 한다.

외향적 감각형

외향적 감각형은 주로 남성에게 볼 수 있다. 그들은 외부 세계에 관한 사실들을 모으는 데 흥미가 있다. 그들은 현실주의적이며 빈틈이 없고 실제적이지만 사실이 뜻하는 바에 대해 큰 관심을 두지 않는다. 미래 일에 대해 그다지 깊이 생각하지 않으며 세상을 있는 그대로 받아들인다. 그렇지만 여색을 좋아하거나 행동하는 데 거리낌이 없으며 위험을 즐기는 경우도 있다. 그들의 감정은 깊이가 없으며 인생에서 끌어낼 수 있는 감각에 충실하며 살고 있을 뿐이다. 극단적이 되면 호색가 또는 차분한 탐미주의자가 된다. 관능을 구하는 성향 때문에 여러 종류의 중독, 도착, 강박에 노출되기 쉽다.

내향적 감각형

이들은 대개의 내향적인 사람들처럼 외적 대상과 거리를 두고서, 자기 자신의 정신적 감각에 충실하다. 그들은 자기의 내적 감각에 비해서 외부 세계는 평범하기 그지없으며 지루하다고 여긴다. 예술을 통해 표현할 때를 빼고는 자기 자신을 표현하는 일에 어려움을 느끼는데 그들이 만들어 낸 것은 무의미하고 공허하다. 그들은 남들에게는 늘 조용하고 수동적으로 행동하며 자제력을 갖춘 듯이 보이지만, 실제로는 그 순간 무관심을 보일 뿐이다. 이는 사고와 감정에 결함이 있기 때문이다.

외향적 직관형

외향적 직관형은 일반적으로 여성에게 많이 볼 수 있으며 경솔함과 불안정이 특징이다. 그들은 외부 세계에서 새로운 가능성을 찾기 위해 이리저리 분주히 돌아다닌다. 한 세계를 다 정복하기도 전에 다른 세계를 찾아 나선다. 사고 기능에 결함이 있으므로, 오랫동안 자기의 직관을 부지런히 좇지 못해 새로운 직관에 덤벼야 한다. 새로운 기업과 이론의 추진자로 각별히 수고로움을 아끼지 않을지도 모르지만, 역시 오랫동안 흥미를 얻지 못한다. 정해진 일에는 쉽게 싫증을 느낀다. 그들 생명의 양식은 신기한 일이다. 잇달아 일어나는 직관에 의해 생명을 헛되이 쓰고 만다. 좋은 일을 기대하고 열정을 다해 새로운 관계에 뛰어들지만, 믿음직한 친구를 만들지 못한다. 따라서 관계가 오래가지 않으므로 의도한 바는 아니지만 이따금 사람들을 귀찮게 한다. 취미는 다양하지만 금방 싫증을 낸다. 한 가지 일을 오랫동안 계속하지 못한다.

내향적 직관형

이 유형의 대표자들이 바로 예술가들인데 몽상가, 예언가, 기인, 망상가 등도 여기에 속한다. 주변 사람들은 내향적 직관형인 사람을 종종 수수께끼의 인물로 보며, 당사자는 남들에게 이해받지 못하는 천재인 줄 생각한다. 그는 외부 현실이나 관습과 접촉을 잇지 않으므로 같은 유형의 사람과도 의사소통을 충분히 하지 못한다. 그는 원시적 이미지 세계 속에 갇혀 있는데, 그들 자신도 그 이미지들의 뜻을 모른다. 외향적 직관형과 마찬가지로 새로운 가능성을 찾아 이 이미지에서 저 이미지로 뛰어다니지만, 실제로 자기 직관을 전혀 발전시키지 못한다. 그는 한 이미지에 오래 흥미를 갖지 못하기 때문에 내향적 사고형처럼 정신 과정을 이해하는 일에 크게 공헌하지도 않는다. 좋은 직관을 가질 수는 있지만 그것을 쌓아 올려 발전시키는 사람은 남들이다.

이것으로 여덟 가지 성격 유형의 설명을 마무리 짓기로 한다. 다시 한 번 말해 두고 싶은 내용은 여기서 기술한 각 유형의 예는 극단적이다. 극단적인 상태에서는 의식적 태도가 높은 수준으로 발달해 있고, 무의식에 억압된 태도는 사실상 '미발달'인 상태이다. 정상 경우처럼 무의식적 태도가 저항 또는 균형 효과를 나타내지 않기 때문에 의식적 태도는 극단적이 된다. 이 성격들의 묘사도 실제 성격보다 풍자만화에 가깝다.

인간은 외향적인 동시에 내향적이며, 모든 기능을 여러 가지 비율로 사용할 때가 많다. 그렇지만 일반적으로 개인은 내향적이기보다 외향적이거나 그 반대이다. 두 유형이 완벽히 균형을 이루는 경우는 드물다. 이와 동일하게 개인은 한 기능을 다른 세 기능보다 많이 쓰고 있을 것이다. 융은 이를 두고 '주요 기능'이라고 부른다. 그 밖에 '보조 기능'이 있다.

보조 기능은 주요 기능에 기여한다. 보조 기능은 그 자체로 독립성이 있는 것이 아니므로 주요 기능과 대립하지 못한다. 사고와 감정 모두 합리적 보조기능이 되지 못한다. 감각과 직관의 두 비합리적 기능도 같다. 감각 또는 직관은 사고 또는 감정의 보조기관이 될 수 있다. 반대의 경우도 마찬가지다.

예를 들어 어떤 사람의 주요 기능이 사고라고 하자. 그는 사고의 보조로써 감각에서 얻는 정보를 이용할 수 있다. 직관도 사고의 보조 기능으로 예감이나 통찰을 내줄 수 있다. 그리고 직관은 사고에 따라 엄밀히 검토되고 단단해진다.

가장 재능이 훌륭한 사람들 중에는 사고와 직관의 사고에 대해서 같은 말을 할 수 있다. 사고와 직관이 합쳐짐으로써 위대한 예술가가 탄생한다. 두 태도가 네 가지 기능을 동일하게 발달시켜 널리 이용할 수 있는 일이 이상적이겠지만 실제는 그렇게 되지 않는다. 정신이 하나의 전체로서 조화와 균형을 이루더라도 정신의 갖가지 요소 사이에는 늘 불균형이 존재한다.

태도 또는 기능 중 어느 하나가 빠진 경우는 없지만 각자 저마다 자신의 독자적 태도와 기능의 표본이 있다. 만일 어떤 태도 또는 기능이 의식에 없다는 사실이 무의식에서 발견되면 무의식은 행동에 영향을 끼친다. 융이 늘 주장하던 내용처럼 무의식적인 것은 개성화되지 못하므로 미발달된 원시 상태에 머문다. 무의식적인 것이 억압을 물리쳤을 때는 당사자의 행동에 혼란을 야기하고 좌절시키며, 이상적인 또는 뒤바뀐 행동을 불러오기도 한다. 이처럼 발달이 되지 못한 무의식적 기능은 의식에 대해 잠재적 위험을 안고 있다.

그러므로 개인의 성격을 파악하기 위해서는 각각의 태도와 기능이 어느 정도로 분화된 의식 상태 또는 미분화된 무의식 상태에 있는지를 판단해야 한다.

개인을 오랜 시간 동안 관찰하고 철저하게 분석하는 과정을 거치지 않으면 제대로 된 판단을 내릴 수 없다. 판단 절차를 효율적으로 바꾸고 태도와 기능의 의식적 표현 강도를 측정하기 위한 테스트가 만들어졌다. 그 테스트에서는 피실험자의 기호, 취미, 행동 습관에 관한 어떤 질문이 주어진다. 이를테면 피실험자가 모임에 가기보다도 집에 앉아서 독서하는 편이 좋다고 대답하면, 이 대답은 내향성을 드러낸다. 여러 가지를 체험하기를 좋아한다는 대답이라면 감각성을 드러낸다.

05 성격 유형에 관한 오해

무엇으로 개인의 태도와 기능의 표본이 결정될까? 융에 따르면, 이는 천성적 요인으로 결정된다. 그 요인들은 어린이 인생의 아주 이른 때부터 모습을 드러낸다. 이 타고난 표본은 부모, 기타 사회적 영향에 따라 달라진다. 같은 부모의 어린이들도 각각 유형이 다르고 또 부모의 유형도 다르기 때문에 어린이에게 가족들로부터 큰 압력이 가해져 어린이의 성향을 바꾸도록 강요할지도 모른다. 예를 들어 내향적 감정형의 어머니는 외향적 직관형의 딸을 인정하지 않고 자기와 똑같은 유형으로 바꾸려고 할지도 모른다. 외향적 사고형의 아버지 또한 내향적 감각형의 아들이 자기와 똑같은 유형이 되기를 원할 수도 있다. 융은 개인이 선천적으로 타고난 성질의 근본을 바꾸려는 행동은 어떤 경우에도 옳지 않다는 일반적 입장이었다. 그리하여 이런 부모가 실제로 영향력을 행사하면 어린이는 훗날의 인생에서 노이로제가 발생한다고 생각했다. 융에 의하면 부모의 역할은 자기 자신의 내적 성질로 발달하는 어린이의 권리를 존중해 주고, 그것을 위한 많은 기회를 어린이에게 주는 데 있다. 부모 자식 사이 일어나는 갈등의 대부분은 성격 유형이 상반되는 데에서 비롯한다.

또 융은 역사의 어떤 시기에는 특정한 성격 유형이 다른 성격 유형보다 호감을 얻을 때가 있다고 지적했다. 즉, 20세기 전반에서는 외향형, 특히 생각과 감각의 외향형에 가치가 올라가고 내향형은 소홀하게 다루어지므로 오늘날은 내향형인 사람이 멸시를 받고 무거운 짐을 짊어지고 있다. 내향형인 사람은 바깥으로 리비도의 방향을 바꾸고 사회적으로 인정된 '건강한' 외향형인 사람이라는 틀에 맞혀야 할 것인가? 만일 그런 행동을 하면 거짓 역할을 하는 상황이 돼서 욕구불만과 갈등은 더욱 격렬해진다. 만일 사회적 비난에도 불구하고 내향성을 계속 드러내면, 줄곧 사회와 대립하는 결과가 만들어진다. 하지만 자기 본성에 충실한 편이 정신 건강을 위해 좋다.

그리고 어떤 유형의 사람과 사랑하고 결혼하느냐 하는 일도 정신 건강을 위해 중요하다. 일반적으로 정반대의 유형이 같은 유형보다 사이가 좋다거나 혹은 그렇지 않다를 단정 지을 수는 없다. 이는 그 결합이 보충적인지 아닌지에 따라 좌우된다. 외향적 사고형과 내향적 감정형과 결혼하면, 자기 인격이 무시되거나 억압된 면을 나타내는 사람과 함께 살게 되므로 대리만족을 느낄 수 있을지도 모른다. 그렇지만 만일 외향적 사고형의 남편이 내향성의 감정을 거부한다면 아내의 행동에 표현된 내향성을 보고 불편함을 느낄 것이다. 예를 들면, 말수가 적은 내향적 감정형과 긴장감을 즐기는 외향적 감각형의 결혼, 또는 변덕스런 외향적 직관형과 냉정한 외향적 사고형의 결혼이 어떤 결과를 불러오는지 생각해 보자.

그들이 상대의 약점을 보충하지 않는다면 반드시 상대를 괴롭게 할 것이다. 융은 결혼한 뒤 상대의 성격을 고치는 일은 불가능하다고 말한다. 그렇다고 해서 같은 유형끼리 결혼해도 화목해진다는 보장도 없다. 그들은 의식적으로 같은 태도, 흥미, 가치 체계가 있기 때문에 화목한 관계를 만드는 데 빠를 것이다. 하지만 두 사람은 상대의 지배 태도와 지배 기능을 강화함으로써 다른 태도와 기능을 억압시키는 위험도 수반한다. 그렇게 되면 억압된 태도와 기능들이 점점 힘을 더해 느닷없이 폭발적, 파괴적 행동으로 나올 가능성이 높아진다. 또 두 사람의 인격이 비슷한 점이 너무나 많아 오히려 서로를 힘들게 하는 경우도 있을 수 있다.

융에 따르면 조화는 마땅히 개인 안에서 자리를 잡아야 하며 타인과 서로 보충하는 관계를 만듦으로써 자리 잡게 해서는 안 된다. 두 태도와 네 기능에 에너지를 나눠 준다는 뜻으로 완전한 정신적 조화를 이루기는 불가능하다. 하지만 모든 태도와 기능을 최대한 개성화해서, 어느 것도 지나치게 억압하지 않음으로써 불균형을 최소한으로 줄일 수 있다. 어느 한쪽으로 기울어지면 유해하고 비참한 결과가 생긴다는 것이 융 이론의 일반적 주제이다. 개인 인격의 모든 태도와 기능이 발달하여, 충분히 개성화된 두 사람 사이에서 비로소 가장 훌륭한 우정과 애정이 이뤄진다.

각 유형들은 일정한 노이로제 또는 정신병으로 번지는 경향이 있다. 외향적 감정 유형은 히스테리, 내향적 감정 유형은 신경쇠약이 될 위험이 있다. 신경쇠약의 증상으로는 지나친 피로, 적은 에너지가 있다. 감각형은 공포증, 강박 노이로제가 될 위험이 있다. 대체로 환경에서 받는 극단적 압력의 결과로 이 병리 현상들이 생긴다.

직업을 고를 때도 자기의 성격 유형을 참고해 두는 것이 좋다. 내향형인 사람이 자동차 판매원이 되려고 하거나, 외향적인 사람이 장부 관리자가 되는 일은 좋지 않다. 감각형은 훌륭한 경찰관이나 소방관이 될 가능성은 높지만 정해진 반복 작업을 해야 하는 공무원으로는 적합하지 않다. 감정형은 지속적이고 추상적인 생각을 해야 하는 직업을 피해야 하고 사고형은 감정적 문제에 말려들기 쉬운 직업을 피해야 한다.

안타깝게도 사회적 압력, 자기중심성, 기타 여러 가지 요인으로 인해 성격 유형과 대치되는 직업을 선택하는 사람이 있다. 결국 그는 불행해지고 불만이 생기고 정서 장애를 보인다. 자기의 정신적 안정을 희생하면서까지 그 직업을 계속한다면, 그는 어김없이 정신 질환을 호소할지도 모른다. 이는 치명적인 요소가 될 수도 있다. 소크라테스의 유명한 교훈, '너 자신을 알라'는 모든 이에게 중요한 가르침이다.

끝으로 지적해 두고 싶은 바는 융의 유형학은 심리학자들의 사나운 비판을 들었다. 그들은 인간이 8종 또는 80종으로 확실히 구분할 수 있지 않고 한 사람 한 사람 독자적인 존재이며, 특정한 범주에 속하지 않다고 말한다. 이런 비판은 융을 잘못 이해하는 것이다. 융이 개별적 정신의 독자성을 논의하지 않은 이유는 그것은 당연한 것이기 때문이다. 그의 유형학은 사람들이 서로 어떻게 다른가에 대한 특징적 체계를 보여 주고 있다.

그 비율이 다르며, 각각의 의식 수준 또는 무의식 수준도 상이하다. 그리고 개성화된 정도도 다양하다. 융의 유형학은 개인의 차이를 표현하기 위한 체계이지 결단코 모든 사람을 여덟 종의 고정된 유형에 집어넣으려는 체계가 아니다.

융의 유형학은 외향성과 내향성 두 태도와 사고, 감정, 감각, 직관 네 기능으로 성립되면서 여덟 가지의 성격 유형을 만들 수 있다. 이 태도와 기능들은 어느 정도 의식적으로 발달해 있거나, 무의식으로 잠재돼 있다. 결국 개인과 개인의 큰 차이는 미발달의 정도의 다름으로 인해 나타난다.

CARL GUSTAV JUNG

제5장
상징과 무의식

융은 상징화 과정을 연구하는 데 큰 공헌을 했다. 그는 이 문제에 대해 다른 심리학자들보다도 깊이 연구하고 많은 저작을 남겼다. 그가 쓴 18권의 저작집 중 5권만이 종교와 연금술에서 상징체계를 논하고 있으며 그가 쓴 대부분의 내용에서 이 주제는 언급되고 있다.

'태고 유형'과 '상징'은 융을 이해하는 중요한 두 개념이다. 이 두 개념은 긴밀하게 관련이 있다. 상징은 태고 유형의 외적 표현이며 태고 유형은 집단무의식 속에 깊이 머물러 있기 때문에 개인은 이를 모를 수밖에 없다. 따라서 태고 유형은 상징을 통해서만 표현되지만 언제나 개인의 의식적 행동에 영향을 끼친다. 집단무의식에 관해 조금이라도 알기 위해서는 상징, 꿈, 공상, 환상, 신화, 예술을 분석하고 해석하는 방법 외에는 없다. 이는 바로 융이 초기에 저술한 『리비도의 변천과 상징』에서 한 일이다. 이 책은 1911년에 쓰였으며 프로이트의 가르침을 받은 융의 이탈을 알리는 것으로 그 직후 두 사람은 완전한 결별을 맞게 됐다. 하지만 이 책은 융의 연구에서 아주 중요한 내용을 다루며 훗날 융이 정신영역에서 발견한 내용들의 초석이 되었다.

융의 분석법

『변형의 상징』에서는 어떤 젊은 미국 여성의 잇따른 공상들을 철저히 분석했다. 융은 이 실례와 그 뒤 연구들에서 쓴 분석법을 '확대법amplification'이라고 일컬었다. 이 방법에 따르면, 분석자는 특정한 언어 요소 또는 이미지에 관해 가능한 한 지식을 모두 모아야 한다. 이 지식은 여러 근원에서 얻을 수가 있다. 즉, 분석자 본인의 경험과 지식, 그 이미지를 만든 사람에게 얻을 수 있는 정보와 연상, 역사상의 참고 자료, 인류학적 또는 고고학적 발견들, 문학, 예술, 신화, 종교 등이다.

예를 들면 한 젊은 여성이 「나방과 태양」이라는 제목의 시를 썼다. 이 시는 태양으로부터 단 한 번의 '기쁨의 시선'을 받을 수 있으면 죽어도 좋다고 생각하는 나방에 관한 시다. 융은 태양을 구하는 나방의 이미지를 확대하는 데 38페이지에 달하는 분량의 문장을 쓰고 있다. 확대 과정에서, 융은 괴테의 『파우스트』, 아우렐리우스의 『황금 당나귀』, 기독교의 『성경』, 이집트와 페르시아의 경전 구절, 마틴 부버, 토머스 칼라일, 플라톤, 근대시, 니체의 『어떤 정신분열병자의 환상』, 바이런의 『시라노 드 베르주락』 등 기타 많은 참고자료에 대해 언급하고 있다. 확대법은 분석자에게 높은 수준의 학식과 지식을 필요로 하는 일이다.

이 책의 저자 중 한 사람과 대담할 때 융은 자기가 다양한 분야에 깊은 지식을 쌓게 된 이유는 많은 종류의 환자를 만났기 때문이라고 한다. 대부분의 환자들은 높은 수준의 교육을 받았기 때문에 융이 그들의 꿈과 상징을 확대하기 위해서는 그들의 전문 분야에 대해 익혀야 했다. 예를 들어, 융의 분석을 받은 이론물리학자는 현대물리학의 용어와 개념으로 콤플렉스와 태고 유형을 표현할 것이다.

확대의 목적은 꿈, 공상, 환각, 그림처럼 인간이 만든 모든 것의 상징적 의미와 태고 유형적 근원을 이해하는 데 있다. 이를테면, 융은 나방의 시에 관해서 이렇게 쓰고 있다.

"우리는 「나방과 태양」의 상징 밑바닥을 깊이 파고들며 정신의 역사적 여러 층까지 내려가는 도중에 어떤 우상, 태양―영웅, 즉 '붉게 달아오르는 듯한 머리카락 위에 새빨간 왕관을 쓴 아름다운 젊은이'를 찾았다. 죽음이라는 숙명을 안은 인간은 영원히 접근할 수 없지만, 지구의 주위를 돌아 낮 다음에 밤을, 여름 다음에 겨울을, 삶 다음에 죽음을 끌어들이고, 다시금 빛을 되찾아 새로운 세대에 빛을 준다. 이 시를 쓴 여성은 진심으로 그(태양)를 간절히 그리워하며, 그 여자의 영혼(나방)의 날개는 그를 위해 타고 마는 것이다." 태양(영웅) 속에서 우리는 어떤 태고 유형의 표현, 즉 태양의 위대한 힘과 찬란한 빛을 경험한 수많은 세대의 인간의 산물을 본다.

융은 연금술에도 깊은 흥미를 느꼈다. 일반인들은 중세기의 연금술사들이 일반 쇠붙이를 금으로 변화시키려 한 사람이라고 믿었다. 사실 연금술은 매우 복잡한 철학이며 화학 실험을 거쳐 표현되었다. 중세기의 철학자와 과학자들은 진지하게 연금술을 인식했으며 이 문제에 대해 방대한 문헌이 다루고 있다. 즉, 근대화학은 연금술에서 생겨났다.

융이 연금술에 강하게 끌린 이유는 연금술의 철학과 실험의 상징체계가 인간의 유전적 태고 유형을 상당 부분 드러내는 일이 가능하다고 느꼈기 때문이다. 융은 그의 독특한 학문적 열정을 퍼부어 방대한 연금술의 문헌을 읽고 심리학에 대한 연금술의 의의에 관해 두 권의 책을 저작했다.

특히 『심리학과 연금술』은 심리학자의 흥미를 강하게 끈다. 그 속에서 융은 20세기 정신 분석을 맡고 있으므로, 연금술에 대해 전혀 모르는 환자의 꿈과 환상 속에서 중세기 연금술의 상징체계가 어떻게 재현되는가를 보여 주고 있다.

어떤 꿈에서 몇 사람이 네모난 광장을 왼쪽으로 걷는다. 꿈을 꾸는 당사자는 한쪽 모퉁이에 서 있다. 걷는 사람들이 긴팔원숭이를 다시 조립해야 한다고 말한다. 네모난 광장은 완전한 금속을 재합성하기 위한 전 단계로서, 원재료 속 무질서하게 있는 금속 덩어리를 네 원소로 분해하는 연금술사를 뜻한다. 광장을 걷는 행위는 재합성해서 만들어지는 금속을 표현하며 긴팔원숭이는 낮은 금속을 금으로 변화시키는 물질을 나타내고 있다.

융에 의하면, 이 꿈은 환자—합성 작업 옆에 떨어져 있는 사람—가 그 인격에서 의식적 자아가 지나치게 지배적 구실을 하는 일을 허락함으로써, 자기 본성에 있는 그림자의 측면을 개성화하여 표현하기를 게을리하고 있었음을 뜻한다. 이 환자는 마치 연금술사가 낮은 금속의 적절한 혼합에 의해서만 목표에 도달할 수 있던 것처럼, 자기 인격의 '모든' 요소를 통합함으로써만 내적 조화에 도달할 수 있다.

또 다른 꿈의 예를 보면 꿈을 꾸는 당사자 앞의 책상에 젤리와 같은 물질이 가득 찬 컵이 있다. 이 컵은 연금술사가 증류하기 위해 사용한 도구를 나타내며, 컵 속의 물질은 연금술사가 현인의 돌로 변화시키고자 쓴 무형의 물질이다. 현인의 돌은 낮은 금속을 금으로 만드는 힘을 가진다. 이 꿈을 꾼 환자는 자기 자신을 더 뛰어넘는—통합된—사람으로 변화시키고자 하는 것 또는 변화시켜야 함을 이 꿈의 태고 유형적 상징은 보여 주고 있다.

물에 관한 꿈은 연금술사의 독한 술이나 생명수의 재생 능력을 나타낸다고 말한다. 파란 꽃을 발견하는 꿈에서 꽃은 현자의 돌이 생산하는 곳을 나타낸다. 땅에 금화를 내던지는 꿈은 완전히 합성된 물질을 만들려는 연금술사의 이상에 대한 냉소를 나타낸다.

융은 환자가 수레바퀴를 끄는 꿈을 꾸면, 그 수레바퀴는 물질을 바꾸는 증류 현상의 순환 과정을 나타내는 연금술사의 수레바퀴와 관련이 있다고 본다.

또한 환자의 꿈에 나타나는 알은 연금술사가 제일 처음 일을 시작할 때 가장 먼저 건드리는 금속을 표현하며, 다이아몬드는 연금술사가 가장 욕심을 내던 돌을 표현한다고 해석한다.

모든 꿈에서 환자가 자기 문제와 목표를 표현하기 위해 쓴 상징과, 중세기의 연금술사가 그 작업을 표현하기 위해 쓴 상징은 공통점이 많다. 오히려 연금술사가 사용한 도구와 물질을 고스란히 나타내는 것이 이 꿈들의 뚜렷한 특징이다. 융은 연금술사의 문헌에 박식했기 때문에, 그 문헌들의 도해 속에 나와 있는 내용이 그대로 꿈에 표현됨을 설명할 수 있었다. 융은 이 연구에서 화학 실험에 투입된 중세기 연금술사의 노력과 환자들의 노력이 크게 다르지 않다는 결론을 내렸다. 연금술사가 물질을 개성화—변형—해서 완전한 물질을 얻고자 했던 것처럼 환자는 그 꿈속에서 자기 자신을 개성화해서 통합을 이루고자 했다. 융은 꿈에 등장하는 모든 이미지가 연금술사의 작업 및 도구와 이어지는 것은 보편적 태고 유형의 존재를 나타내는 증거라고, 굳게 믿었다.

게다가 융은 아프리카를 비롯해 기타 지역에서 한 인류학적 조사를 통해 미개민족의 신화에도 태고 유형이 들어 있음을 발견했다. 태고 유형은 옛날과 지금의 종교와 예술에도 표현되어 있다. 융은 다음과 같이 결론을 내렸다.

"각 개인이 태고 유형적 체험을 표현하는 형식은 다양하고 무한히 많지만, 연금술사의 상징처럼 그것들 전부는 일정한 중심적 유형의 변형들이며, 이 중심적 유형은 보편적이다."

융은 흥미롭게도 한 논문에서 현대의 신화 '하늘을 나는 원반'의 상징을 논의한다. 그는 그 원반이 정말 하늘을 날 수 있는가에 대해서 증명하지 않는다. 오히려 '어째서 그렇게 많은 사람이 자기가 원반을 목격했다고 믿을까?'라는 지극히 심리학적 문제를 내놓는다. 이 문제에 답을 내기 위해—심리학자는 이 문제만을 논의할 수 있다고 그는 말한다—그는 꿈, 신화, 역사, 예술적 참고자료를 인용해서 하늘을 나는 원반은 전체성의 상징임을 증명한다. 그 원반은 빛을 내며 만다라이다. 그것은 다른 유성—무의식—에서 지구로 왔으며, 그 속에서는 기묘한 생물—태고 유형—이 있다.

융이 이 전형적 분석(확대)은 순전히 심리학적이며, 하늘을 나는 원반의 실재 여부와는 상관이 없다. 만약 원반의 존재가 실재한다면 그 원반을 발명한 사람과 목격한 사람은 동일한 '통합'의 태고 유형에 지배되었다고 덧붙여 설명할 수 있다. 정신의 실재만이 심리학자의 흥미를 끄는 실재이다. 외부 세계의 실재는 자연과학의 문제이다.

융에 따르면 1950년대에 정점에 도달했던 하늘을 나는 원반, 즉 UFO에 대한 뜨거운 관심은 혼란한 세계, 대립의 결과였다. 사람들은 국제분쟁과 냉전이라는 무거운 짐에서 해방되어, 조화와 통합이 이뤄지기를 바랐다. 융이 지적하기를 혼란스러운 시기에는 새로운 상징이 만들어지거나 낡은 상징이 되살아난다고 했다. 예를 들어 안정을 찾지 못하는 비인간적 시대에는, 자기의 개별성을 찾기 위해 점성술에 기대는 사람들이 늘어난다. 또 자기라는 상징적 표현을 구하기 위해 동양 종교와 철학 또는 원시 기독교에 의지하는 사람들도 있다.

융의 상징 이론을 더욱 체계적으로 다뤄 보자. 융에 의하면, 밤의 꿈에 등장하건 깨어 있는 낮의 생활에서 쓰이건 상징은 두 가지 목적의 쓸모가 있다. 한 상징은 좌절된 본능적 충동을 채우기 위한 시도를 나타낸다. 상징의 이 측면은 상징이 충족되기를 원하는 바람의 위장으로 보는 프로이트의 의견과 같다. 대부분 깨어 있는 낮에 금지되는 경우가 많은 성적 소원과 공격적 소원으로 꿈의 상당 부분을 설명할 수 있다.

융에 따르면 상징은 위장 이상의 의미가 있으며 원시적 본능 충동이 변한 것이기도 하다. 상징은 본능적 리비도를 문화적 또는 정신적 가치로 물길을 트려고 한다. 문학이나 예술처럼 종교 또한 생물학적 본능의 변형은 익히 알려진 의견이다. 이를테면 성 에너지가 다른 곳으로 이동하여 예술의 한 형식인 무용이 되고, 공격 에너지가 다른 곳으로 이동해 경기가 된다.

그렇지만 융이 말하길 상징이나 상징적 행동은, 본능 에너지를 그 본래 대상에서 대리 대상으로 바꾸는 단순한 현상은 아니라고 한다. 융이 설명하길 이를 테면 무용은 성적 활동의 단순한 대리 대상이 아닌 그 이상의 무엇이다.

융의 상징 이론의 본질적 특징은 다음과 같은 그의 말에 드러나 있다. "상징은 모든 사람이 알고 있는 무엇을 덮어 감추는 기호가 아니다. 상징의 가치는 그곳에 있지 않다. 오히려 상징은 유사성을 통해서 미지의 영역에 전적으로 속해 있는 무엇, 혹은 장차 속해질 무엇을 설명하려는 시도를 드러낸다."

앞서 제2장에서 에너지의 물길 트기와 더불어 상징화에 의한 유사성의 형성을 논의하였다.

'완전히 미지이며, 형성 과정에 있을 따름인 것'은 무엇일까? 바로 집단무의식에 숨겨져 있는 태고 유형이다. 상징은 무엇보다 태고 유형을 표현하려는 시도이다. 그러나 언제나 불완전한 결과가 있다. 융은 인간의 역사는 의식적으로 더 좋은 상징, 즉 태고 유형을 완전히 실천하며 개성화할 수 있는 상징을 찾는 역사라고 주장한다.

역사 속 한 시대, 이를테면 초기의 기독교시대와 르네상스 때는 '훌륭한' 상징이 많이 등장했다. '훌륭한'이라는 말은 인간성의 여러 면을 실현시켰다는 뜻이다. 또 다른 시대, 특히 20세기에서 상징은 아무 것도 낳지 못했으며 어느 한쪽으로 치우친 경향이 있다. 현대의 상징은 주로 기계, 무기, 과학기술, 국제기업, 정치 조직으로 만들어져 그림자와 페르소나의 표현과 정신의 다른 면은 경시하고 있다. 융은 인류가 전쟁으로 멸망의 길을 가기 전에 더 좋은―통합된―상징을 창조하기를 바랐다.

융이 연금술의 상징체계에 깊은 관심을 가진 이유는 그곳에 인간성의 모든 면을 누르고 대립하는 힘들을 없애고 하나의 통일체계를 세우려는 노력을 발견했기 때문이다. 만다라 또는 마법의 원은 초월적이며 자기중심적 상징이다.

결국 상징은 정신을 표현하며 인간성의 모든 면을 투영한다. 상징은 민족적 및 개인적으로 획득해서 저장된 인류의 지혜를 나타내려고 할 뿐만 아니라, 개인의 장래 상태를 미리 상정하는 발달 수준들을 표현할 수 있다. 인간의 운명, 그의 정신이 장래에 발전할 때는 상징으로써 그 자신에게 보인다. 그렇지만 상징 속 들어 있는 지식은 인간에게 직접 인식되지는 않는다. 그 중요한 메시지를 발견하기 위해서는 확대법으로 상징을 해독해야 한다.

상징은 본능에 의해 이끌어지는 과거지향적 측면과 초월적 인격의 궁극적 목표에 이끌어지는 미래지향적 측면이 있는데, 이는 동전의 양면과 같다. 동전의 어느 면이 나와도 상징을 분석할 수 있다. 과거지향적 분석은 상징의 본능적 기반을 설명하고 미래지향적 분석은 완성, 재생, 조화, 순화 등에 대한 인류의 동경을 분명히 한다. 전자는 인과론적 환원적 분석이며, 후자는 목적론적 분석이다. 둘다 있어야 상징의 완전한 해명이 가능하다.

융이 생각하기를 상징이 넘쳐흐르는 본능적 충동과 소원의 산물에 불과하다는 견해가 주류를 이루는 바람에 상징의 미래지향적 측면이 무시되었다고 여겼다.

상징의 정신 강도는 언제나 그 상징이 생겨나게 된 원인의 가치보다 크다. 이는 상징이 추진력과 견인력을 배후로 성립된다는 의미이다. 추진력은 본능 에너지에서, 견인력은 초월적 목표에서 온다. 어느 한쪽만 갖고서는 상징을 만들 수 없다. 상징의 정신 강도는 인과론적 결정 요인과 목적론적 결정 요인의 합계이기 때문에 인과론적 요인보다 크다.

1900년에 프로이트가 『꿈의 해석』을 발간하자, 융은 그 책을 읽고 난 뒤 1902년에 발표한 박사 논문 속에서 자주 인용하였다. 그렇지만 융의 정신관은 프로이트의 정신관과 궁극적으로 달랐기 때문에 융은 프로이트의 정신분석에서 벗어나 독자적인 사상과 개념을 발전시켰다. 그리하여 융의 꿈의 이론도 빈의 정신분석자들의 이론과 팽팽하게 대립하게 됐다.

프로이트와 마찬가지로, 융 또한 꿈은 무의식적 마음을 가장 뚜렷이 드러내는 표현이다. 그의 말을 빌리자면 "꿈은 무의식적 정신의 공정하고 자발적 산물이다……꿈은 치장하지 않은 자연스런 진리를 보여 준다."

꿈을 깊이 파고들고 연구하는 동안 우리는 자신의 기본적 본성을 고찰하고 있다.

　모든 꿈이 변함없이 이 목적을 위해 쓰이지는 않는다. 꿈의 대부분은 그날의 걱정거리와 연관이 있으며, 꿈을 꾼 사람의 정신의 심층에 빛을 던지는 일은 거의 생기지 않는다. 가끔, 당사자의 생활에서 지나치게 멀리 떨어져 있고 너무 '신령적'이고—강렬하고 감동적인 체험을 가리키는, 융이 애용하는 용어—너무 기묘하고 무시무시하기 때문에 당사자는 꿈으로 여기지 않는 꿈이 있다. 그것은 다른 세계로부터의 방문과 같다. 바로 그대로이다. 다른 세계는 지하에 있는 무의식세계이다. 고대에 어떤 민족에게 그런 꿈은 신이나 조상에게 받은 전갈 혹은 예언으로 생각된다.

　융은 이런 종류의 꿈을 '큰' 꿈이라 부른다. 그런 꿈을 꾸는 때는 무의식에 혼란이 생기거나 균열이 갈 때이다. 자아가 외부 세계를 제어하지 못하면 그런 경우가 생긴다. 정신분석을 받는 사람은 가끔 '큰' 꿈을 꾸는데, 이는 치료가 무의식을 흔들어 놓기 때문이다. 제1차 세계대전 이후, 융은 독일인 환자들이 이야기한 꿈에 근거해서 지하의 감옥에서 뛰쳐나온 '금발의 야수'가 세계를 폐허로 만들 기회를 노린다고 예언했다. 이 예언을 한 때가 바로 히틀러가 권력을 잡기 몇 년 전이다.

　이미 말한 것처럼 융은 상징이 억압된 소원의 위장 표현이라는 프로이트의 의견에 반대했다. 융이 보기에는 꿈의 상징은 물론 기타 어떠한 상징은 아니마, 페르소나, 그림자, 기타 태고 유형을 개성화하고 그것을 통합해서 균형과 조화를 이룬 전체를 완성하려는 시도이다. 실제로 꿈은 과거 속으로 파고들어가 옛 기억을 되살린다. 가장 중요한 점을 지적하자면 꿈, 적어도 일부는 인격을 발전시키려는 목표를 이뤄내려는 시도이다. 꿈은 해독해야 할 전언이며 따라가야 할 안내자다. 그리하여 융은 "미래지향적 기능은 미래의 의식적 성과를 무의식으로 앞당기는 것이며 예비 연습 또는 초벌 그림, 대략 먼저 정하는 계획과 같다. 꿈의 상징적 내용은 때로는 갈등에서 해결의 실마리를 보여 주고 있다……"라고 한다.

그러나 융은 모든 꿈을 미래지향적으로 보는 일을 경계한다. 이 유형에 속하는 꿈은 얼마되지 않기 때문이다.

다른 관점에서 보면 꿈은 보상적이다. 꿈은 소홀해지면서 분화가 덜 된 정신의 측면을 보상하고, 그렇게 함으로써 존재하지 않는 균형을 만들려고 한다. 융은 "꿈의 일반적 기능은 정신 전체의 균형을 다시 세우는 꿈의 자료를 만들어 냄으로써, 심리학적 균형을 회복하고자 한다"라고 했다.

● ★ ■

융은 프로이트처럼 한 꿈을 분석할 수 있을 뿐만 아니라, 개인이 일정 기간에 걸쳐 연속해서 꾼 꿈을 분석할 수 있다고 주장한 심리학자이다. 실제로 융은 한 가지 꿈의 해석에 중점을 두기보다 환자에게 꿈의 일기를 세밀하게 쓰도록 요구했다. 잇따른 꿈은 한 권의 내용이 여러 장으로 구분된 것과 같다. 각 장은 이야기 전체에 새로운 그 무엇을 덧붙이며, 전부가 이어지면 일관성 있는 한 인격상이 형성된다. 마치 이는 조각 그림 맞추기의 단편을 전부 맞추면 하나의 그림이 완성되는 것과 같다. 게다가 잇따른 꿈은 꿈을 꾼 당사자가 여러 번 반복되는 주된 내용, 즉 주요한 관심사를 나타낸다. 꿈의 연구에서 이어지는 꿈의 방식을 사용해서 훌륭한 성과를 얻는다.

융의 입장에서, 연속되는 꿈을 분석한 예를 살펴보자. 어떤 엔지니어가 몇 해 동안 자기의 꿈을 기록했다―그는 당시 30대였다. 그는 반복해서 몇 명의 여자 친구와 친밀한 성관계를 맺는 꿈을 꾸었다. 결혼한 뒤 잦은 자위를 제외한다면 성생활은 사실상 없었다. 자위를 할 때는 꿈을 꾸는 것과 같은 공상에 빠졌다. 그는 결혼 전에는 어떤 종류의 성관계도 맺지 않았고 결혼 뒤에도 아내 이외의 여자와 정사한 경험도 없었으나 아내와의 관계는 점점 불만이 쌓여 갔다. 결국 아내가 강경히 권하는 바에 따라 정관수술을 받았다. 이는 자녀를 두지 않기 위한 방법으로 보인다.

성과 관련된 수많은 꿈을 꾸는 이유는 그가 낮의 생활에서 부족했다고 느끼는 부분을 보상하기 위함이다. 대부분 성과 관련된 꿈은 매우 사실적이고 상세하며 거침이 없다. 바로 프로이트가 말하는 소원 충족임이 분명하다. 그렇지만 융의 입장에서 볼 때, 그 꿈들은 그가 만족하지 못하는 원인을 나타낸다. 그는 철저하게 생활을 억제해서 인격의 그림자 부분을 포기했다. 그는 일을 잘하고 지식 수준이 높으며 본능적 충동을 금지하는 도덕을 충실히 따르고 있었다. 그 결과 낮에는 성적 공상으로, 밤이 되면 성과 관련된 꿈에 괴로워했다. 꿈은 자기 본성의 일부를 무시하면 생활은 결국 엉망이 되고 만다는 사실을 경고하고 있었다. 실제로 이 억압은 그의 결혼, 일, 인간관계에 악영향을 끼쳤다. 성욕에 관한 그의 꿈은 비분화된 꿈의 특징인 조잡하고 강박적 성질이 있었다.

또 다른 예로 결혼 생활이 순조롭지 않았던 어느 젊은 여성은 남자들과 싸움을 벌이거나 남자들에게 공격당하는 꿈을 여러 차례 꾸었다. 낮 생활에서 그녀의 남자관계 또한 불만스러웠는데 그것은 그녀가 복종과 지배 사이에서 방황하고 있었기 때문이다. 그녀는 어느 때는 애정이 충만하고 동정심 있고 상냥했지만 때로는 빈정거리며, 이기적이고 따지기를 좋아했다. 융이라면 그런 여성은 아니무스, 즉 그녀의 인격이 남성적인 요소의 포로가 되었다고 말할 것이다. 그녀는 본질적으로 자기의 남성스러움을 부정했다. 그녀는 자신의 내부에서 없어져야 할 이질적인 무엇으로 생각했다. 물론 의식적으로 명확히 생각하고 있지는 않았지만 말이다.

그녀는 꿈속에서처럼 낮의 생활에서도 만족을 느낄 수 없었다. 그녀에게 남자란 자신이 싫어하는 남성스러운 요소의 화신이었기 때문이다. 잠들어 있을 때든 깨어 있을 때든 그녀의 아니무스가 지나치게 나설 때, 그녀는 소홀한 부분을 과잉보상했다. 그녀는 지나치게 남성스러웠고 다르게 말하면 지나치게 고집을 부렸다. 그리고 그 뒤에는 온순함과 굴종어린 태도로 도망치는 것이었다. 그녀는 남성스러움의 풍자였는데 이때는 여성스러움의 풍자가 되었다.

그녀가 성관계에 만족하지 못한 이유는 성행위가 남성적 요소에 따라 몸에 해를 입는 것으로 인식했기 때문이다. 그녀는 그 느낌을 알았다. 그녀가 의식적으로 몰랐던 것이 꿈속에 나타난 이유는 그녀가 자신의 아니무스로 인해 정신이 침해되는 결과를 두려워하기 때문이다. 그녀의 남자 관계가 좋지 않았던 이유도 아니무스와의 관계가 나쁘기 때문이었다.

남들에게 우리의 정신 상태를 투영하기 때문에 융 심리학은 남들과의 관계가 좋지 않을 때는 늘 정신 속에서 그 원인을 찾아야 한다고 했다.

그녀는 어릴 때부터 자기 안 남성적 요소를 거부했다. 이는 당시 그녀의 어머니가 남자들에 대한 비난과 독설을 자주 이야기했기 때문에, 남자에 대한 안 좋은 이미지가 그녀의 마음속에 각인됐다. 남자들과의 경험은 이 이미지를 확인시켜 주는 결과를 만들었고 그녀는 더욱 강하게 자기의 아니무스를 거부했다.

동시에, 그녀의 어머니는 그녀에게 여성스러운 행동을 여러 차례 강조했다. 즉, 만들어진 여성스러움의 페르소나가 그녀의 가면이 되었고 겉모습도 그에 맞게 바뀌어졌다.

융은 언제나 외적 갈등은 반드시 인격 내부의 부조화된 투영이라고 주장한다. 갈등은 외적 증상만을 치료한다고 해서 해소되지 않는다. 밖으로 나타난 갈등을 해결하려면 내적 부조화를 다룰 수 있어야 한다. 즉 인격의 조각조각을 이루는 태고 유형의 기본적 실재에서는 벗어나지 못한다. 매사는 자업자득의 결과인 셈이다.

어떤 사업가의 아니마 문제를 꿈을 분석하면서 해결한 일이 있다. 그는 어린 시절부터 자기 속에 여성적 성격의 다른 사람이 살고 있음을 알고 있었다. 그는 여자 이름으로 그 인격을 부르기까지 하였다. 하지만 그의 성격은 매우 남성적이었다. 낮에는 남자로서 장사를 하는 무리들과 지내고 저녁에 집에 돌아가서는 여성스럽게 생활하는 것이 해결법이었다. 그의 아내는 이 변화를 허락했으며 그가 여자처럼 입고 몸치장하고 떠들고 행동할 때 어떻게 하면 좋을지를 보여 주고 독려했다. 그들 부부는 마치 자매 같았다. 그렇지만 성관계를 할 때 그는 남자였다.

우리는 장난꾸러기가 나오는 몇 개의 꿈을 연구해 그 사람이 어린아이라는 결론을 내렸다. 그의 여성스러운 성격은 미성숙했다. 다른 어린이들과 성적 놀이를 하는 어린이였다. 융의 식대로 말하자면 그는 어린이의 태고 유형의 포로였다. 어린이의 태고 유형은 그의 정신을 지배하고 있었는데 이는 지나치게 보호하는 어머니에다 유혹적인 아버지가 있었기 때문이다.

융은 꿈을 해석할 때 고정된 상징체계나 책에 쓰인 고착화된 논리를 써서는 안 된다고 생각했다. 꿈을 꾼 당사자의 개인 사정과 마음에 많은 것이 달려 있기 때문이다.

예를 들어 특정한 꿈의 요소를 분석할 때에는 꿈을 꾼 사람의 성별, 나이, 인종을 살펴야 한다. 사람이 다르면 같은 요소도 다른 의미를 줄 수 있으며 또한 같은 사람이어도 시기가 다르면 의미가 달라진다.

융은 늘 열린 마음으로 꿈의 의미를 찾기 좋아했다. 그는 이전에 정해진 이론의 틀에 억지로 끼워 맞추려고 하지 않았다. 꿈의 의미에 대해 알아내려고 할 때는 꿈 가까이에 머물러야 하며, 꿈을 꾼 사람의 자유연상에 이끌려서 꿈에서 멀리 떨어지는 일이 있어서는 안 된다고 생각했다.

융은 꿈을 꾼 당사자는 자유연상으로 관계없는 것들도 끌어들임으로써 꿈을 이해하려는 시도를 꺼린다고 여겼다. 한편 꿈의 요소들을 확대하는 방법을 쓰면 꿈을 꾼 당사자를 꿈 가까이에 잡아둘 수 있다.

융이 낸 통계에 따르면 심리상담가에 종사하는 동안에 8만 개 이상의 꿈을 해석했다고 한다. 이 점을 생각해 보면 모든 시대를 통틀어 그가 꿈의 최고 전문가로 여겨지는 이유를 쉽게 이해할 수 있을 것이다. 상징에 관한 그의 지식에 관해서도 같은 이야기를 할 수 있을 것이다.

제6장

융 심리학의 의의

이 장에서는 융의 입장에서 심리학과 사회에서 중요한 의미가 있는 몇 가지 이론들에 대해 논의되는 바를 연구하려고 한다.

최근까지 심리학은 물리학이나 생리학처럼 제한이 있는 실험실의 학문에 불과했다. 다시 말하자면 그때까지 심리학자들은 통제할 수 있는 실험실 조건을 두고서만 실험을 함으로써, 인간의 심리 상태와 행동을 이해하고자 했다. 조건을 계통으로 바꾸면서 특정한 행동을 불러오려면 그에 따라 변화를 일으키는 요인이 중요하다는 사실이 밝혀졌다. 학술적 심리학의 목표는 수학에서 용어를 사용하듯 행동의 일반성을 밝혀 이를 공식화하는 데 있다.

심리학자들이 학술적 측면에서 심리학을 정립하려고 애를 쓸 때 의학에서는 정신의학이 독립된 분야로 확고해지는 중이었다. 정신의학에서는 정신질환 환자를 치료하였지만 실제로 정신과 의사의 도움을 필요로 하는 사람들의 대부분은 병이라고는 말할 수 없는 상태였다.

다만 그들은 불안을 느끼고 불만이 쌓이고 불행하다고 생각하는 사람에 불과하였다. 따라서 내과의와 외과의는 그들에게 별다른 도움을 주지 못했다.

정신과 의사에게 필요한 지식은 인간의 정신생활에 대한 지식이었고, 그것은 의학이 신체에 관한 지식을 필요로 하는 일과 같았다. 학술적 심리학은 정신과 의사가 환자를 치료하는 데 반드시 필요한 인간 정신에 관한 제대로 된 지식이나 이해가 부족했다. 정신과 의사는 각자 노력해서 심리학자가 되어야 했다. 그들은 인간의 행위, 인간성에 관한 정신들을 실험이 아닌 환자들과의 상담을 통해 이룩했다.

그들은 환자들의 말과 행동 하나하나에 귀를 기울이고 정성을 다해 신중하게 질문했으며 모든 일을 세밀하게 관찰하고 분석했다. 그러고는 환자를 통해 얻은 자료에서 추측과 해석을 비교했으며 그것들을 개념으로 정리하고 공식화한 뒤에 종합적으로 모아 일반심리학 이론을 만들기 시작했다.

즉 한쪽은 실험실에서 자란 심리학이었고, 다른 한쪽은 정신과 의사의 진료에서 자란 심리학인 셈이다.

최근 들어 이 두 심리학은 하나의 심리학으로 통합되었다. 실험실과 자연조건 아래에서 정신과 의사가 공식화한 법칙들을 타당성 여부를 검토하며, 학술적 심리학이 공식화한 법칙들은 치료하는 과정에서 실험 중이다. 진료로 형성된 개념들을 진료소로 도입해서 적용시키는 일은 쉽지 않다. 심리요법가는 개인과 그 인성에 중점을 두고 관찰하며, 실험실에 있는 심리학자는 지각, 학습, 기억처럼 특수한 심리 과정과 통계로 보이는 사항에만 흥미를 드러낸다. 실험실의 심리학자는 심리요법가를 과학적이지 않고 소수의 환자에만 근거를 두고 일반화를 조장한다고 비난한다.

융의 개념들은 실험실 연구로 끝내기는 힘들다. 또한 일부에서는 색다른 것에 흥미를 갖는 융을 두고 신비주의자라고 비난하였는데 이 비난에 대한 대답은 그가 1930년에 쓴 글 속에서 찾아볼 수 있다.

우리 시대에 신비주의는 눈부시게 발전했고 이로 인해 서양 문명의 영광은 그 빛이 무뎌졌다. 지금 나는 우리 학문이 위치한 곳과 명예에 대해 생각하고 싶지 않다. 그저 평범한 사람들과 만나는 의사로서, 이제 우리는 대학의 빛을 전파하는 역할을 멈추었음을 안다. 사람들은 학문의 세분화, 합리주의, 주지주의에 피로를 느끼고 있기 때문에 한정하지 않고 그저 나타내면 되는 진리, 숨겨져 있지 않고 밝게 빛나는 진리, 물처럼 새어 나가지 않고 뼛속을 파고드는 진리를 듣고자 한다. 다만 이 소망은 수많은 이름도 없는 민중에게 길을 잃게 할 위험이 너무나 크다.

융도 초기에는 실험실에서 실험을 한동안 했는데 그가 심리학 지식들을 얻은 결정적 계기는 환자와의 만남에서였다. 그는 이렇게 쓰고 있다.

나는 처음부터 의사였으며 실천적 심리요법가였다. 우리의 심리학
적 공식은 전부 정신과 의사라는 직업 생활에서 얻은 경험에 기반
을 두고 있다.

융의 심리학은 진료실 밖에서도 그 자료를 모았다. 서로 다른 문
화들의 관찰, 종교, 신화, 상징, 연금술, 신비주의의 비교 연구들이
그 자료 속에 포함되어 있다. 그러나 그는 그 자료들이 절대적이지
않고 2차적인 자료에 지나지 않음을 분명히 밝히고 있다.

정신 구조의 이론은 옛날 얘기나 신화뿐만 아니라 의학적, 심리학
적 연구 분야의 경험적 관찰에 근거를 두며, 매우 동떨어진 분야의
비교상징학의 연구에 따라 2차적으로 확증되었을 뿐이다.

융은 역사, 인류학, 고고학, 비교해부학, 기타 학문에서 쓰이는 비
교연구법은 정신과 의사들이 쓰는 과학적 방법 중 가장 높은 곳에
있다고 느꼈다.
그렇지만 융은 하나의 이론에만 치우치는 일을 경계했듯 한 방법
에만 지나치게 기대서도 안 된다고 생각했다. 그는 다음과 같이 말
했다.

심리학적 이론은 매우 번거롭다. 지향과 발견의 단서를 잡기 위해서는 일정한 관점이 필요하다는 사실은 분명하지만 언제라도 바꿀 수 있는 보조 개념으로 보아야 한다. 인간의 정신에 관한 연구는 충분한 수준이 아니기 때문에 우리가 일반 이론을 정립할 수 있는 정도로 진보했다고 생각하기는 이르다. 정신 현상학의 경험적 범위조차 못 정하면서 어떻게 일반 이론을 꿈꿀 수 있을까? 아마 이론은 부족한 경험과 무지를 가릴 수 있는 가장 좋은 가면일 것이다. 그러나 그 결과는 비참하며 완고함, 괴팍함, 천박함, 학문의 파벌 등 참담하고 슬프다.

융은 여러 차례 관찰을 할 때, 한 가지 방법에만 얽매이지 않고 심리요법을 할 때에도 한 방법만 쓰는 일은 좋지 않다고 생각했다. 융이 환자들을 치료할 때 표준이 되는 치료법이 없었던 이유도 그런 까닭이었다. 그는 환자에게 알맞은 치료법이라 생각하면 프로이트의 방법이든 아들러의 방법이든 자신이 개발한 방법이든 가리지 않고 모두 썼다.

융이 연구한 방법에는 꿈의 해석, 상상을 통해 이미지를 만들거나 그림을 그리거나 상징을 확대하는 방법과 언어 연상 테스트가 포함되어 있다. 환자의 상태에 따라 주일마다 상담하는 횟수를 다르게 했다. 그는 가급적 그 횟수를 줄이려 했고, 환자를 격려해서 환자 스스로 자신의 분석에 큰 책임을 갖도록 했다.

심리요법가이자 정신의 탐구가로서 융의 부드러운 성품과 넓은 마음은 큰 재산이라 할 수 있었다. 그는 분석심리학이 틀에 박힌 원리와 방법으로 고착화되는 일을 두려워했으며, "정신의 본질 속으로 깊이 들어갈수록, 각종 정신 경향에 적절한 대처를 위해서라도 인간의 다양성과 다차원성에 입각해 말하고 여러 가지 관점과 방법이 필요하다는 확신이 점차 굳어졌다"고 했다.

융 심리학이 갖고 있는 여러 가지 관점은, 융 학파의 심리가들이 다수파가 아닌 이유를 잘 설명해 주고 있다. 융이 고안한 방법들은 인간에 대한 다양한 지식을 필요로 하기 때문에, 더 분명하게 말하자면 환자 개개인의 상태를 좀 더 분명히 파악하기 위해 융 학파의 심리가들은 인간에 관한 보편적 지식들이 있어야 했던 것이다. 융 학파의 심리요법의 가치는 복잡하고 많은 가능성을 수렴하는 각종 방법이 있기 때문이라고 생각된다.

또한 융은 과학의 정의에 대해서도 개방적인 견해를 갖고 있었다. 융이 학창 시절 알던 과학적 분위기에서는 인과론이 만연했다. 인과론은 모든 일에 원인이 있다는 견해이다. 이를 심리요법으로 설명한다면 환자의 현재 어려움이 초래된 원인을 과거 생활에서 찾는 것이다. 인과론적 관점의 한 실례로 프로이트가 어른이 겪는 노이로제의 원인으로 아동기의 정신 외상을 가장 큰 이유로 든 일을 말할 수 있다. 융은 인과론을 부정하지 않았지만 다른 과학적 입장의 타당성도 인정했다. 이 입장을 '목적론' 또는 '목적 원리론'이라고 부른다. 이를 심리학적 견지에서 본다면 인간의 현재 행동은 미래에 따라 결정됨을 뜻한다. 한 개인의 행동을 제대로 이해하기 위해서는 과거의 행적뿐만 아닌 미래의 목표도 고려해야 한다.

정신발달에 대한 융의 개념의 대부분인 개성화, 통합, 자기 등은 발달 과정에 있는 인간성의 목표라는 점에서 목적론적이다. 반드시 의식적으로 모습을 나타내지는 않더라도 행동을 보면 추구하는 바를 알 수 있다. 꿈조차 미래지향적 기능이 있다. 꿈은 과거의 기억 이미지이지만 미래 발달 과정의 이미지이기도 하다.

융은 심리학에서는 인과론과 목적론 두 태도를 함께해야 한다고 생각했으며 다음과 같이 쓰고 있다.

정신은 한쪽으로는 지난 것의 흔적과 잔재를 묘사하지만, 다른 쪽에서는 정신이 그 자신의 미래를 창조하는 데서 오는 윤곽을 함께 환상 속에 표현한다.

지금도 마찬가지이지만 목적론은 여러 심리학자들이 인정하지 않았다. 그러나 앞서 설명한 것처럼 융은 여론에 휘둘리지 않았으며 인기 없는 의견이라도 참고했고 응용하는 데 거침이 없었다. 그는 실용주의자였기 때문에 환자를 이해하고 도울 수 있다면 어떤 방법이든 사용했다.

융은 인과론도 목적론도, 관찰하기 편한 현상으로 정리하기 위해 연구자가 제 자신의 방식으로 결정한 사고 형식으로 보았다. 자연 속에서는 인과론도 목적론도 그 자체로 발견되지 않는다.

또한 융은 목적론적 태도에 근거해 환자를 치료할 때의 실용적 가치를 받아들였다. 환자를 치료할 때 인과론의 관점에서 풀어내면 과거에만 얽매이기 때문에 인과론적 태도만으로는 환자에게 좌절과 절망감을 안겨 줄 수 있다. 이미 실패한 일은 저질러졌으므로 실패를 지우기도 어렵다. 반면에 목적론적 태도는 환자에게 희망과 나아가야 할 목표를 제공한다.

만년에 융은 인과론도 목적론도 아닌 하나의 원리를 제창했는데, 이를 두고 '동시발생론'이라고 불렀다. 이 원리는 동시에 발생하지만 인과관계가 존재하지 않는 사건에 적용된다. 어떤 사고가 객관적 사건과 더불어 일어날 때 대부분 사람들은 이러한 동시 발생을 경험하고 있다. 어떤 사람의 일을 생각하고 있었더니, 정말로 그 사람이 등장했다거나 그 사람의 편지를 받았다는 식이다. 또는 친구나 친척이 병에 걸렸거나 죽게 되는 꿈을 꾸었는데 꿈을 꾼 바로 그 시간에 실제로 그 일이 일어났다는 사실을 알게 될 때가 있다. 융은 정신감응, 투시, 기타 특수 현상에 관해 매우 많은 문헌을 증거로 들어 동시발생론의 원리의 필요성을 주장했다. 이 경험들은 단순히 우연의 일치로 납득하기에는 부족하며 우주에는 인과론으로만 설명할 수 있는 질서가 있음을 암시한다고 생각했다. 그는 동시발생론을 태고 유형의 개념에 적용시켜 이 태고 유형은 외부 세계에서 물리적으로 나타나며 동시에 개인 내부에서는 정신적으로 나타날 수 있다고 주장했다. 태고 유형은 두 현상의 원인이 아닌 오히려 한쪽 현상이 다른 쪽 현상과 함께 일어난다.

심리학자, 특히 환자를 다루는 심리학자는 사회비평가가 되기 쉽다. 이는 심리 치료를 받으러 오는 사람들의 생활에서 그들이 처한 사회의 모순과 결함을 찾기 때문이다. 앞서 지적한 바와 같이, 융은 현대사회에 격렬한 비판을 날릴 수 있었다. 그는 가끔 매우 비판적으로 의견을 내놓았는데 다음과 같은 글이 있다.

우리의 문화적 업적은 무엇을 불러왔을까? 이에 대해 우리를 기다리는 건 무서운 대답이다. 인간은 결코 해방되지 못했다. 소름 끼치는 악몽이 세계를 에워싸고 있으며, 지금까지 이성은 쓰디쓴 패배를 맛보았으며 모든 사람이 회피하고자 했던 바로 그것이 기세를 떨치고 있다. 인간은 유용한 것을 무수히 만들었지만, 오히려 이것이 화근이 돼 심연의 구덩이를 깊게 파고 말았다. 앞으로 인간은 어떻게 될 것인가? 어디서 멈출 수 있을까? 세계대전 이후 우리의 희망은 위성이었고 지금도 계속 그렇다. 그러나 벌써 핵분열의 가능성에 이끌려 황금시대를 기대하고 있다. 이는 보기 싫은 폐허가 무한하게 퍼지길 바라는 것과 같다. 누가 혹은 무엇이 원인일까? 이는 바로 악의 없이 독창적으로 발명을 한 재주 많고 상냥하며 이성이 있는 인간인데, 불행히도 악마에 사로잡혀 있다는 점에 대해서는 절망적일 정도로 인지하지 못하고 있다. 무엇보다 최악인 사실은 이런 종류의 인간들은 자기에게 직접적으로 피해를 주는 일은 모두 피하며, 우리는 광기 어린 사람들처럼 그들을 돕고 있다. 다만 하늘은 우리를 심리학—자기 인식을 가져올지도 모를 그 악덕—에서 보호해 주고 있다. 그러나 이보다는 전쟁을 하자! 전쟁은 늘 다른 사람의 책임이니까. 온 세계 사람들이 무언가에 시달리고 있으나 그 사실을 아는 이는 아무도 없다.

이 글은 1948년에 쓰였다. 융이 살아서 오늘날 이 글을 쓴다고 해도 이와 마찬가지였을 것이다.

융이 이렇게 늘 비관적으로만 생각하지는 않았다. 그는 자신의 인생을 심연의 바닥에서 건져 내고, 인간의 마음속에는 악마가 존재하며 이를 외부 세계에 투영시키지만 성실과 불굴의 정신으로 여러 환자를 치료한다. 융은 다음과 같이 쓰고 있다.

심리 치료법의 첫 번째 목적은 환자에게 보장이 없는 행복한 상태를 주는 것이 아니라 고난이 닥쳐도 흔들리지 않는 이성적 인내를 갖도록 돕는 데에 있다.

그러나 인간의 문제에 대한 융의 발언 중에서 인간이 가져야 할 용기를 표현하는 가장 감동적 구절은 다음일 것이다.

모든 살아 있는 인간들에게 개성의 최고 실현 형태가 바로 인격이다. 인격은 인생에 맞닥뜨리는 고도의 용기이며, 개인을 구성하는 요소의 절대적 긍정이다. 또한 보편적인 생활 조건에 대한 가장 훌륭한 적응이며, 그와 동시에 최대 가능한 자기 결정의 자유이다.

앞으로 융의 심리학은 어떻게 될까? 그는 현대 심리학에서 별다르게 큰 자리를 얻지 못하고 있다. 또는 망각의 늪에 빠져 역사책의 각주에 이름을 남기는 것으로 끝나지 않을까? 예언은 위험하다. 이미 말한 것처럼 우리가 보기에 융의 사상은 유난히 젊은이들에게 더욱 큰 주목을 받고 있다. 이것이 금방 일시적으로 끝날 현상인지, 아니면 사람들에게 영원한 사고방식으로 남는 징조인지는 모른다.

우리는 후자이기를 바라고 있다. 종종 예언이 예언한 바를 불러올 때가 있다. 그저 예언했을 뿐이나 그것이 실현된다. 진심으로 우리의 예언이 들어맞기를 기원한다. 융의 저서는 인류에게 인정받기를 기다리는 중요한 사상의 묘판처럼 여겨진다. 융의 저서를 읽는 일은 남다른 경험이며 처음에는 이해가 잘 안 될 수 있으나 그의 논문과 저서들을 읽으면 확실히 알 것이다.

융이라는 고독한 사람은 인간 정신의 기본 진리에 대해 논리와 양식, 열정과 연민을 갖고 연구했으며 그것을 자신 있게 주장했다는 점을 알기 시작할 것이다.

또한 독자는 충격을 체험함으로써 이제껏 알고 있었지만 말로는 표현하지 못했던 진리를 인식할 것이다. 우리와 마찬가지로, 독자들도 후일 저술가들의 사상을 융의 대부분 사상이 지배함을 알고 놀랄 것이다. 심리학과 그 관련 영역에서 새로운 경향의 대부분은 융에게서 비롯됐는데 융은 가장 먼저 그 방향을 보여 주었다.

융의 저서는 지혜와 영감의 원천이다. 우리는 책을 통해 자신과 세계에 대해 새로운 무언가를 배울 수 있다. 융의 저서를 읽음으로써 마음의 양식이 풍부해지고 남다른 경험을 하게 되는 이유도 이 때문이다.

CARL GUSTAV JUNG

융이 직접 들려주는
나의 이야기

01 어린 시절

1875년의 일이다. 내가 태어난 지 여섯 달이 됐을 때, 부모는 보덴 호반의 케스빌(투르가우주)에서 라인 폭포 상류에 위치한 라우펜 성의 목사관으로 이사했다.

그로부터 3년 뒤 나는 습진을 앓았는데, 그 병은 부모의 일시적 별거 생활의 영향이었을 걸로 보인다. 어머니 또한 몇 개월 간 바젤에 있는 병원에서 지냈는데, 결혼 생활의 어려움과 연관이 있던 것 같다. 어머니보다 스무 살 더 많고 독신인 큰어머니가 나를 돌봐 주었다. 오랜 시간 자리를 비운 어머니로 인해 나는 깊은 절망감에 휩싸였다. 그 후 '사랑'이라는 말을 들을 때마다 언제나 불신이 생겼고 '여성'이라는 말과 연상되는 것 또한 불신이었다. 내게 있어 여성은 오랜 시간 동안 믿을 수 없는 존재였다.

그와 반대로 아버지는 신뢰를 주면서도 무력감을 안겨 주었다. 이것이 인생을 시작하는 데 있어 내가 안고 있는 불리함이었다. 그 뒤 초기의 인상은 여러 번 수정되었다. 즉 남자 친구는 신뢰했지만 실망하게 된 반면에 여성들은 신뢰하지 않았기 때문에 실망도 하지 않았다.

어머니가 부재하는 동안 하녀 또한 나를 보살폈다. 그녀의 머리카락은 검고, 피부는 올리브색이어서 어머니와 전혀 달랐다. 시간이 흐른 지금도 그녀의 머리카락 곡선과 까무스름한 목덜미 그리고 귀를 분명히 떠올릴 수 있다. 이런 것이 나에게는 신기했지만 이상하게 친숙하게 느껴졌다. 마치 그녀가 우리 가족이 아닌 나에게만 속하는 것처럼 여겨졌기 때문이다. 또한 그녀는 내가 이해할 수 없는 신비로운 사실과 관계가 있는 듯했다. 이런 유형의 소녀는 내 아니마의 한 부분이 되었다. 그녀에게서 배웠다고 할 수 있는 미지의 감정과 그녀를 늘 알고 있던 것 같은 감정은 훗날 여성의 본질을 상상하게 하는 여성상의 특징이 되었다.

그 시절 나는 밤에 대한 아득한 두려움이 있었다. 알 수 없는 것이 집 주변을 배회했다. 늘 라인 폭포가 거칠게 떨어지는 소리를 들었고, 주위는 온통 위험이 도사리고 있었다. 사람들이 물에 떨어져 익사하고 시체들이 바위에 걸렸다. 어머니는 나에게 매일 밤 해야 할 기도문을 가르쳐 주었다. 밤이 되어 막연한 두려움과 만났을 때, 그 기도문은 나를 편안하게 했으므로 기꺼이 기도를 했다.

예수는 다정하고 멋있으며 자비로운 분이었다. 다만 예수께서 새처럼 날개가 있는 이유가 궁금했지만 대수롭게 생각하지 않았다. 그보다 중요한 사실은 예수 그리스도가 쓴 약처럼 마지못해 들었던 쿠에클리(작은 과자)를 작은 아이에 비유했다는 사실이다. 이해할 수 없었다. 사탄이 어린아이를 좋아하기 때문에 잡아먹히지 않도록 하기 위해 내키지는 않지만 직접 어린아이를 잡수셨다는 것이다. 그 정도까지는 나의 이론이 위안이 되겠으나 이제야 예수 그리스도께서 다른 사람들까지도 먹는다, 즉 '먹는다'는 말이 무덤에 그들을 묻는다는 말과 같다는 사실을 배우게 됐다.

이러한 불길한 유사성은 불행한 결과를 불러왔다. 나는 예수를 의심하기 시작했다. 누군가가 예수에 대해 몇 번이고 말할 때마다 생각이 났다. 나에게 있어 '주 예수'는 완전한 현실이 될 수도 없었으며, 온전히 받아들일 수도, 절대적으로 사랑을 할 수도 없었다. 오히려 예수의 반대 위치에 있는 지하의 신이 자꾸 떠올랐다. 몇 번이나 나는 그의 땅 밑에 갈라진 틈과 구하지도 않았는데 갑작스럽게 주어진 계시에 대해 생각해 보게 됐다.

예수회 수도사의 '변장'이 내가 배운 기독교의 교리에 그림자를 드리우고 있었다. 그것은 종종 나에게는 더없이 신성한 장례식의 참석자들이 장엄하고 우울에 찬 얼굴로 있다가, 다음 순간 몰래 웃고 마는 전혀 슬프지 않은 장례식을 치르는 모습처럼 보였다. 나에게 주 예수는 밤의 불안을 몰아낸다는 점에서 도움이 되었으나 그 자신은 스산하고, 십자가에 못 박혀 피를 흘리는 죽음의 신처럼 보였다. 항상 찬사를 보내던 신에 대한 사랑과 친절을 아무도 모르는 사이

의심하기 시작했다. 그것은 장례식을 연상하게 하는 검은 프록코트를 입고 광택이 나는 검은 장화를 신은 사람들이 무한한 사랑을 베푸시는 예수에 대해 이야기하는 탓이기도 했다.

그들은 아버지의 동료와 숙부 여덟 명이었는데 모두 목사였다. 그들은 오랜 시간 동안 나를 불안에 떨게 했다. 심지어 '예수회 수도사'들을 생각나게 한 가톨릭 신부들도 공포를 불러일으키는 존재였던 것은 마찬가지다. 심지어 그들은 아버지까지 초조하게 만들었고 경계심을 불러일으켰다. 그 뒤 견진성사를 받을 때까지 그리스도에 대해 긍정적인 태도를 가질 수 있도록 억지로나마 애를 썼다. 그럼에도 불구하고 불신을 극복할 수 없었다.

유년 시절의 꿈을 통해 나는 세상의 비밀에 대한 지식을 깨우쳤다. 이를테면 그것은 땅에 묻히는 장례식이었으며 내가 다시 등장하기까지는 여러 해가 걸렸다. 지금 나는 그 일들이 온갖 빛을 어둠 속으로 가져가기 위해 생긴 일임을 알고 있다. 이는 어둠의 세계로 들어가기 위한 일종의 통과의례였으며 정신적 삶이 무의식적으로 출발을 시작한 것이다.

●　★　▓

미술에 대한 최초의 기억을 말하자면 클라인 휘닝겐 시절로 거슬러 올라간다. 부모가 살고 있던 집은 18세기의 목사관이었으며, 거기에는 빛이 잘 들어오지 않는 어두운 방이 있었다. 그곳의 가구는 전부 고급품이었으며 벽에는 오래된 그림이 걸려 있었다.

그중 이탈리아 화가가 그린 것으로 보이는 다비드와 골리앗 그림이 기억에 난다. 그 그림은 귀도 레니 작품의 모작으로 원작은 루브르에 걸려 있다. 그 그림이 어떤 과정을 거쳐 우리 집에 들어오게 되었는지는 알 수 없다. 오래된 그림이 또 하나 있는데 지금 아들의 집에 걸려 있다. 바젤의 풍경화로 19세기 초 날짜가 그려져 있다. 나는 이 어두운 방에 몰래 들어가 그림의 아름다움에 매혹되어 몇 시간이나 넋을 놓고 보았다. 그 그림은 내가 알고 있는 것 중 유일한 아름다움이었다.

당시 나는 여섯 살밖에 되지 않는 작은 아이였다. 어느 날 친척 아주머니가 나를 바젤로 데려갔는데 박제된 동물들을 보았다. 나는 어느 것 하나 놓치지 않고 주의 깊게 바라봤으며 우리는 오랫동안 그곳에 머물렀다. 4시가 되자 박물관이 마감했음을 알리는 종소리가 들렸다. 친척 아주머니가 재촉했지만 좀처럼 발길이 떨어지지 않았다.

결국 그 사이 박물관 문이 닫혀 우리는 다른 길로 해서 나가야만 했는데 고미술품 전시실을 지나는 길이었다. 경이로운 형상들이 내 눈앞에 즐비해 있었다. 아름다움에 압도되어 눈을 뗄 수가 없었다. 그토록 압도적인 아름다움은 보지 못했다.

● ★ ■

여섯 살의 나는 아버지에게 라틴어를 배웠으며 학교에 다니기 시작했다. 그러나 학교 따위는 관심에 없었다. 나는 항상 다른 아이들보다 앞서 나갔으며, 학교 가기 전에 이미 글을 읽을 수 있었다. 따라서 학교 공부는 쉬웠다. 글을 잘 읽지 못했을 때, 어머니는 나에게 겉장이 낡았지만 훌륭한 책 『오르비스 빅투스』를 크게 읽으라고 해서 무척 당혹스러웠던 기억이 있다.

그 책에는 다른 나라의 종교, 특히 힌두교에 관한 설명이 들어 있었다. 브라만, 비슈누, 시바의 삽화가 들어 있었으며, 강하게 나의 흥미를 끌었다. 훗날 어머니는 내가 늘 그 그림으로 되돌아갔었다고 말했다.

그때는 이 책이 누구에게도 말한 적 없는 그 '근원적인 계시'와 비슷하다는 막연한 느낌이 있었다. 그것은 결코 발설해서는 안 되는 비밀이기도 했다. 어머니는 이를 간접적으로 확인하고 있었다.

이와 같은 어른스런 행동은 예민한 감수성과 상처받기 쉬운 마음과도 연관이 있으며, 다른 한편으로는 특히 내 유년시절의 고독과도 관련이 있었다. 나와 누이동생은 아홉 살 차이가 났다. 나는 언제나 외롭게, 그러나 혼자만의 방식으로 놀았다. 안타깝게도 내가 무엇을 하며 놀았는지는 기억이 나지 않는다. 다만 다른 누구에게 방해받고 싶지 않았다는 감정을 기억한다. 나는 놀이에 열중했으며, 노는 동안에 누군가가 지켜보거나 빈정대는 행동은 견디기 힘들었다.

놀이에 관한 최초의 구체적인 기억은 일곱, 여덟 살 때부터였다. 나는 블록을 갖고 노는 일을 좋아했다. 탑을 세우고 신이 나서 '지진'을 일으켜 무너뜨리곤 했다. 여덟 살과 열한 살 사이에는 언제나 전쟁 그림—성에 대한 공격, 포격, 해군의 전쟁 등—을 그렸다. 내

노트에는 공상적인 해석이 잉크 얼룩으로 채워졌다.

내가 학교를 좋아했던 다른 이유는 오랫동안 없었던 놀이 친구를 마침내 찾았기 때문이다. 학교에서는 그들이 나를 본래의 나 자신과는 다른 존재로 만든다는 사실을 깨달았다. 그들과 함께 있을 때의 나와 집에서 혼자 지내는 나는 달랐다. 나는 그들의 장난에 함께 동참했고 집에서는 생각 못한 장난을 쳤다. 혼자 있을 때도 모든 일을 만들 수 있었지만 말이다. 나의 변화는 학교 친구들의 영향 때문이라고 생각했다. 그들은 나를 당황하게 했다. 그리고 으레 그렇게 될 것이라 생각했던 바와 달리 나를 강요했다.

보다 넓은 이 세계, 부모 외 다른 사람들을 포함한 이 세계의 영향은, 전적으로 이상하다고 할 수는 없지만 막연한 적의에 찬 이해하기 어려운 것으로 생각됐다.

밤마다 하는 기도는 하루를 무사히 넘기고 편안히 밤과 잠으로 인도해 주는 것이므로, 내게 보호받는다는 느낌을 갖게 했다. 그러나 낮이 되면 새로운 위험이 도사리고 있었다. 그것은 마치 나 자신의 분열을 느끼고 그것을 겁내고 있는 것 같았다. 나의 내적인 안정이 위협을 받고 있었다.

10대 시절, 부모와의 갈등 **02**

내가 열한 살이 되었을 때 바젤에 있는 김나지움에 들어갔다. 이는 내게 의미가 있는 해였다. 나는 시골에 있는 학교 친구들과 헤어지고 본격적으로 '위대한 세계'로 발을 내딛게 되었다.

그곳에는 아버지보다 더 유명한 명사들이 크고 화려한 저택에 살며 훌륭한 말들이 끄는 호화로운 마차를 타고 다녔고, 기품 있는 독일어와 프랑스어를 구사하였다. 복장은 단정했으며 몸가짐은 세련된 예법을 갖추었다. 그들의 자녀들은 나와 동급생이었지만 나와는 달리 용돈이 아주 넉넉했다.

나는 큰 놀라움과 남몰래 짜릿한 질투를 가진 채, 그들이 방학에 알프스 산맥에서 지낸 일을 이야기하는 것을 들었다. 취리히 근처에 있는 눈 덮인 정상을 오른 이야기나 바다에 갔다 온 이야기를 들었다. 특히 바다에 갔었던 이야기는 말할 수 없을 정도로 놀라웠다. 나는 마치 그들이 전혀 다른 세계, 상상의 영역 밖에 있는 바다에서 온 인간들인 양 놀라는 눈으로 바라보았다. 그때 비로소 우리가 얼마나 가난한지를 알았다. 아버지는 가난한 시골 목사이며 나는 낡고 구멍 난 구두에다 젖은 양말을 신은 채 학교에서 여섯 시간이나 앉아 있는 몰골을 했다. 나는 부모를 다른 눈으로 보기 시작했다. 그들의 염려와 당혹감을 이해할 수 있게 되었다. 그러나 아버지에 대해서는 연민을 느꼈으나 이상하게도 어머니에 대해서는 별로 연민이 느껴지지 않았다. 오히려 어머니가 강하게 느껴졌다. 그렇지만 아버지가 불쾌함을 내보이고 초조해할 때는 언제나 어머니 편이라고 느꼈다. 이것은 나의 성격 형성에 바람직한 일이 아니었다. 이러한 갈등에서 벗어나기 위해서 나는 부득이 부모에 대한 판정을 내리는 심판자 역할을 했으며 나의 자만심의 원인이 되었다. 그 자만심은 불안정한 자신감을 부추기거나 줄게 했다.

내가 아홉 살 때 어머니가 여자아이를 낳았다. 아버지는 무척 기쁨에 들떠 "오늘 밤 네게 누이동생이 생겼단다"라고 말씀하셨다. 아무 것도 모르던 나는 놀랄 수밖에 없었다. 어머니가 평소보다 자주 침대에 누워 있었지만 거기까지는 생각이 미치지 못했다. 나는 그것을 변명할 수 없는 어머니의 약점이라 느꼈다.

아버지는 나를 어머니가 있는 침대 옆까지 데리고 갔다. 어머니는 아주 보잘것없는 작은 생물을 팔에 안고 있었다. 그 생물은 노인처럼 주름이 가득한 얼굴에 눈을 감고 있었다. 마치 갓 태어난 강아지처럼 눈을 뜨지 못하는 것 같았다. 등에는 길고 붉은 털이 두세 가 닥 나 있었다. 내가 본 그것의 모습은 원숭이와 같았다. 나는 충격을 받고 어떤 생각을 해야 할지도 몰랐다. 이것이 갓 태어난 아기의 모 습이란 말인가. 부모의 이야기로는 황새가 이 갓난아기를 물어다 놓 았다고 했다. 그렇다면 한 배에서 나온 강아지나 고양이 새끼는 어 떻게 되는 건가. 새끼들이 모두 가지런히 놓일 때까지 황새는 몇 번 씩이나 오가며 날아야 한단 말인가. 이 이야기는 나를 속이기 위한 거짓말 중 하나임이 분명했다. 나는 내가 알아서는 안 되는 무언가 를 어머니가 행했다고 확신했다.

누이동생의 갑작스런 출현은 막연한 불신을 만들었다. 그리고 그 사건은 나의 호기심과 관찰력을 더욱 날카롭게 만들었다. 어머니가 보여 준 기묘한 반응은 '무언가 유감스러운 일이 있는가'라는 의혹 을 강하게 만들었다. 그 뒤 이 사건이 나를 괴롭게 하지는 않았지만 열두 살 때 경험한 일을 날카롭게 만드는 데 영향을 끼쳤다.

어머니는 내가 다른 집에 놀러가거나 초대를 받아서 방문을 할 때 온갖 잔소리로 기분을 나쁘게 만들었다. 이때 나는 평소보다 훨씬 좋은 옷을 입고 반질거리는 구두를 신었다. 하지만 어머니는 내 등 뒤에 "아빠와 엄마의 안부를 꼭 전하고, 코를 제대로 닦고, 손수건도 챙기고 손도 잘 씻어야 한다"라고 굴욕적인 말을 했다. 거리에 있는 사람이 어머니의 말을 듣는다는 생각에 나는 부끄러움을 느꼈다.

어머니가 미리 준비를 시킬 때는 더욱 심했다. 귓가에 어떤 목소 리가 들리는 듯했다. "내 신발은 더럽고 손도 더러우며 손수건도 없고 목덜미도 까맣다." 그러면 나는 반항심이 생겨 부모의 안부를 전하지 않거나 수줍음을 탔다.

사태가 좋지 않을 때는 다락방에 있는 비밀스런 보물을 생각했다. 그러면 신기하게도 마음이 안정되었다. 절망스러운 상황에서도 나 자신은 '또 다른 인간'이라는 사실, 그리고 범접하기 어려운 비밀이 있고 프록코트에 큰 모자를 쓴 남자 인형과 돌을 간직하는 '다른 인간'일 수도 있다는 사실을 생각하곤 했다.

나는 '예수 그리스도' 또는 검은 예복을 입은 예수라든가, 프록코트를 입고 큰 모자를 쓴 키가 작은 사나이라든가, 목장에 있던 무덤과 같았던 구멍, 남근상이 있는 지하 사원과 필통 속에 있는 내 남자 목각 인형의 연관성에 대해 일찍이 소년 시절에 생각한 적이 있었는지 잘 기억이 나질 않는다. 남근상 모양을 한 신에 대한 꿈은 내 최초의 커다란 비밀이었으며, 남자 인형은 두 번째 비밀이었다. 지금 와서 생각해 보면 나는 '영혼의 돌'과 '나 자신'이기도 했던 돌과의 연관성을 어렴풋이 느끼고 있었던 것 같다.

'예수 그리스도'에 대해 긍정적으로 여기는 태도가 점점 불가능해졌지만 열한 살 때부터 신의 관념에 관심을 가졌다는 사실은 기억한다. 나는 신에게 기도했다. 신은 모순이 없는 듯 여겨졌다는 점에서 나를 만족하게 했다. 신은 불신함으로써 어수선해지는 존재가 아니었다. 게다가 검은 예복을 입지도 않았으며, 그림 속에서 고급 옷을 입는 사람들과 친밀한 '예수 그리스도'도 아니었다.

학교생활은 점점 따분해졌다. 너무 많은 시간이 수업으로 인해 허비됐다. 내가 전쟁 그림을 그리거나 불장난을 하면서 보낸 많은 시간들을 빼앗아 갔다. 신학 수업은 끔찍할 정도로 지루했다. 심지어 수학 시간이 노골적으로 두려워지기 시작했다. 선생님은 대수를 극히 자연스럽게, 극히 당연하게 생각했으나 내게는 수라는 존재가 알 방법이 없는 미지의 것이었다. 수는 꽃도, 동물도, 화석도 아니었다. 즉, 수는 상상할 수 없으며, 헤아린 결과 나타나는 양에 불과했다. 곤혹스럽게도 이들 양은 이제야 표음문자로 나타났으며 따라서 그것들을 들을 수 있게도 되었다. 이상하게 학급에 있던 아이들은 수를 다룰 수 있으며 당연한 것으로 알고 있었다. 아무도 나에게 수가 무엇인지 제대로 설명하지 않았다. 그런데도 그러한 의문을 명확하고 체계적으로 말할 수 없었다. 어느 누구도 이 어려움을 모른다는 사실을 나는 두렵게 알게 됐다. 선생님은 양을 음으로 바꾸는 기묘한 조작의 목적에 대해 설명하려 했지만 장황했다.

그리고 나는 그 노력을 인정해야 했다. 드디어 나는 조작의 목적이 일종의 생략 체계이며 그렇게 함으로써 다수의 양이 간단한 공식 속에 정리될 수 있음을 인정했다. 그러나 이런 사실은 나를 조금도 기쁘게 하지 않았다. 나는 이 모든 것이 완전한 독단이라고 생각했기 때문이다. 그중 나를 가장 분노하게 했던 것은 a=b, b=c이면 a=c가 된다는 공식이었다. 드러난 정의에 따르면, a는 b와 다르기 때문에 b와 같을 수가 없었다. c역시 마찬가지였다. 등식을 다루는 경우 a=a, b=b 등으로 말해지는데, a=b는 거짓말이나 속임수로만 여겨졌다.

마찬가지로 선생님이 주장한 평행선의 정의에 반해 평행선은 무한대로 가면 교차한다고 말했을 때 모욕을 당한 느낌이었다. 이것은 나에게는 초심자의 마음을 사로잡기 위한 어리석기 짝이 없는 속임수에 불과한 것으로 생각되었으며, 나는 그런 속임수에는 전혀 빠져들지도 않았으며 그런 속임수를 부릴 생각도 없었다.

나의 지적 도덕은 수학을 이해하는 것을 영구히 방해하는 이들의 변덕스러움, 일관성이 결여된 사실과 싸웠던 것이다. 수학 수업은 나에게는 몹시 두렵고 괴로운 것이 되었다. 그렇지만 다른 수업은 쉬웠다. 그리고 수학에서도 나의 우수한 시각 기억 덕분에 오랫동안 교묘하게 속일 수 있었고 좋은 점수를 딸 수 있었다. 그러나 실패에 대한 두려움과 주변 세계와 대치했을 때 나의 나약함이, 내 마음속에 혐오감뿐만 아니라 말할 수 없는 절망까지도 불러일으켰다. 이러한 사실은 내게 학교라는 세계를 완전히 붕괴시키고 말았다. 게다가 전혀 재능이 없다는 이유로 미술 시간을 면제받기도 했다.

어찌 보면 보다 많은 시간이 주어지므로, 어느 정도 기뻐할 만한 일이지만 미술 재능이 없는 것도 아니어서 또 다른 좌절이 될 수도 있었다. 그렇지만 그 재능은 본질적으로 내 자신의 기분에 따라 다르다는 사실을 깨닫지 못하고 있었다. 나는 상상력을 발휘할 수 있는 것 외에는 아무것도 그리지 못했다.

수학과 미술에서 얻은 좌절에다 세 번째 좌절이 있었다. 나는 체육이 싫었다. 학교에 간 것은 뭔가를 배우기 위해서이지 의미 없는 광대 재주를 배우러 간 것은 아니었다. 게다가 이전의 사건 때문에 줄곧 극복할 수 없는 신체적 두려움이 있었다. 이런 두려움은 점차 세상과 그 가능성에 대한 불신과 결부되고 말았다. 분명 세상은 아름답고 훌륭하게 보였으나 동시에 막연하고 정체를 모르는 위험으로 가득 차 있다. 나는 항상 내가 무엇에다, 그리고 누구에게 의지하는지를 우선 알고 싶었다. 아마도 이 사실은 수개월 동안 나를 방치한 어머니와 관련이 있지 않은가 생각된다. 상처 때문에 의사가 체육을 못하게 했을 때 아주 만족했다. 체육을 해야 한다는 부담에서 벗어났지만 또 하나의 패배를 감수해야 했다.

나는 무엇에 관해 말해야 할지 모르지만 그것에 대해 말하고 싶은 충동을 종종 느꼈다. 다른 사람들도 나와 같은지 시험해 보고 물어보고 싶었다. 아니면 우리가 모르는 기이한 것의 존재를 암시하고 싶었다. 하지만 다른 사람에게서는 그러한 흔적을 전혀 발견할 수 없었다. 결국 내가 파문되거나 선택되었거나, 저주받았거나 축복받은 기억이 떠올랐다.

지금까지 나 자신의 체험, 즉 지하 사원의 남근상 꿈이나 내 남자 목각 인형에 관해 직접적으로 이야기한 적은 한 번도 없었다. 다른 체험에 대해서는 아내에게 말한 적이 있었을지 모르지만, 그 또한 오랜 시간이 흐른 뒤에야 비로소 입을 열었다. 어린 시절부터 수십 년 동안 엄격한 금기가 이들 사실들 위에 덮여 있었으며 친구와 얘기한 적도 없었다. 나의 청춘 시절은 이 비밀의 개념에서 이해할 수 있을 것이다. 그것은 참을 수 없는 고독을 강요했다. 지금 와서 생각해 보니 그 비밀을 다른 이에게 말하고 싶은 유혹을 극복했다는 점에서 위대하다고 할 수 있다. 이처럼 나와 세상에 대한 관계의 존립 원형이 제시되고 있는 셈이다. 즉 오늘날에도 그때와 같은 형태로 나는 고독한 상태다. 왜냐면 내가 다른 사람들이 알지 못하는, 대부분 알려고도 하지 않는 사실을 알고 있으며 그것을 암시해서도 안되었기 때문이다.

●　★　■

어머니의 가족 중에는 목사가 여섯 명이 있었고 아버지 쪽에서도 아버지뿐만 아니라 두 분의 백부님이 목사였다. 그래서 나는 종교적 대화나 신학적 논의, 또는 설교를 많이 들을 수 있었다. 이런 것을 듣게 되면 나는 느낀다. '그래 정말 옳은 말이다. 그러나 그 비밀은 어떻게 된 노릇이란 말인가. 그것은 신의 은총의 비밀이기도 할 것이다. 그런데 당신들은 아무 것도 모른다. 당신들은 내가 신의 은총을 체험하기 위해 나쁜 일을 하고 심지어 금기된 행위를 생각하기를 신이 원한다는 사실을 모른다'라는 생각이 들었다. 다른 사람들의 말들은 모두 본질을 비껴가고 있었다. 나는 틀림없이 그 비밀에 대해 아는 사람이 있으리라고 믿었으며, 또한 어딘가에 그런 사실이 반드시 있을 것이라고 생각했다.

나는 아버지의 서재를 샅샅이 뒤져 신, 삼위일체, 영혼, 의식에 대한 책이면 무엇이든 읽었다. 아무리 책에 빠져들어 읽어도 그 이상의 내용은 발견할 수 없었다. 나는 아버지의 루터파 성서도 읽어 보았으나 불행히도 욥기의 전통적인 '교훈적' 해석은 그 이상의 깊은 관심을 불러오지 못했다.

나중에 어머니가 말하길 그 당시 내가 빈번하게 우울했다는 말씀을 하셨다. 그러나 사실은 그 비밀에 대해 골몰해 있었다. 그럴 때 나의 돌 위에 앉아 있으면 안심을 느끼고 마음이 진정됐다. 그러는 동안 나의 의혹은 사라졌다. 내가 돌이라고 생각했을 때는 갈등이 멈추었다. 돌은 불확실성도, 자기를 전달하려는 강한 충동도 없었다. 그저 수천 년에 걸쳐 살아 있으며 영원히 같은 존재였다. 한편으로 나는 순식간에 타올랐다가 다시 꺼지는 불꽃처럼, 온갖 감정의 움직임에 불살라지고 있었다. 내가 내 감정의 움직임의 총체임에 불과한 반면, 내 안에 존재하는 타인은 시간을 초월한 돌이었다.

● ★ ■

그 무렵 나는 아버지가 말하는 모든 것을 깊게 의심하기 시작했다. 아버지의 은총에 대한 설교를 들으면 언제나 나의 체험에 관한 일이 머릿속에 가득 찼다. 아버지의 말들은 다만 소문으로 알고 있을 뿐 전혀 자신이 없는 사람의 말처럼 식상하고 공허했다. 나는 아버지를 도와주고 싶었지만 그 방법을 알지 못했다. 게다가 나는 수줍음이 많아서 나의 체험을 밝히거나 아버지의 개인적 일에 간섭할 수도 없었다. 내 자신이 너무나 작은 존재로 느껴졌으며, 한편으로는 나의 '제2의 인격'이 나에게 불어넣은 그 권위 의식을 부리면 어쩔지 겁이 났다.

그 후 열여덟 살이 됐을 때 아버지와 토론을 많이 했다. 아버지로 하여금 은총의 기적을 알게 하고 양심의 갈등을 누그러뜨리는 데 도움이 되었으면 하는 바람 때문이었다. 만일 아버지가 신의 의지를 수행한다면 모든 것이 잘 될 거라고 확신했다.

하지만 토론은 늘 만족스럽지 못하게 끝이 났다. 그 토론은 아버지를 초조하고 슬프게 했다. 아버지는 입버릇처럼 "정말 어리석은 일이로구나, 너는 언제나 생각만 하니. 생각만 해서는 안 된다. 믿어야 한다"라고 말했다. 그때마다 "그게 아닙니다. 사람은 체험하고, 또한 알아야 합니다"라고 대답했다. 그리고 "나에게 그런 신앙을 주십시오"라고 말을 하면, 아버지는 어깨를 추켜올리며 체념한 듯한 표정으로 얼굴을 돌렸다.

나는 평범한 집안의 아이들과 사귀기 시작했다. 학교 성적도 좋아졌다. 다음 해부터 수년 동안 학급에서 1등을 차지했다. 하지만 내 밑에는 나를 따라잡기 위해 기회를 노리는 친구들이 있음을 알았다. 그것이 즐거움을 망가뜨렸다. 나는 모든 경쟁을 싫어했다. 만일 누군가가 놀이마저도 경쟁으로 나오면 당장 그 놀이를 관두고 도망쳤다. 그 뒤 나는 학급에서 두 번째가 됐다. 경쟁을 해서 열심히 공부해야겠다는 생각은 조금도 하지 않았기 때문에 그 편이 훨씬 더 마음이 편했다. 학교 과제는 몹시 불쾌했다. 그 또한 경쟁 때문에 부담을 느끼고 싶지 않았다.

지금도 감사한 마음으로 기억하는 두세 명의 선생님들만이 나를 신뢰해 주었다. 가장 큰 기쁨으로 회상할 수 있는 분은 라틴어 선생님이었다. 그는 대학교수였으며, 아주 현명한 분이었다. 아버지 덕분에 나는 여섯 살 때부터 라틴어를 알고 있었다. 그래서 이 선생님은 가끔 대학 도서관으로 나를 보내 책을 가져오는 심부름을 시키곤 했는데 돌아오는 도중에 가급적 천천히 걸으면서 즐거운 마음으로 책장을 샅샅이 뒤져 보고는 했다.

교회는 점점 나에게 괴로운 장소가 되었다. 그곳에서는 사람들이 용감하다고 할 정도로 큰 목소리로 신에 대해서, 또는 신의 의지가 무엇인지 무엇을 행하는지 설교하였다. 더욱이 사람들은 그러한 감정을 갖도록 훈계를 듣고, 내가 가장 심오한 확실성으로 알고 있는 비밀을 믿도록 종용당했다.

나는 어느 누구도, 심지어는 목사마저도 이러한 비밀을 모른다는 결론을 내릴 수밖에 없었다. 정말 그 비밀을 안다면 감히 공공연하게 밝히거나 말로 표현할 수 없는 감정을 진부한 표현으로 더럽히지 않을 것이다. 나는 점점 더 회의적이 되었으며 아버지나 다른 목사들의 설교를 성가시게 여겼다. 주변 사람들 모두 그런 잠꼬대 같은 소리나 거기서 생기는 애매함을 당연하게 여기는 것 같았다. 그들은 별다른 저항 없이 모순, 예를 들면 전지전능한 신은 인간의 역사를 미리 내다본다는 모순을 당연하게 여기는 듯 했다. 인간들은 죄를 지을 수밖에 없는 존재로 만들어졌지만 죄를 짓지 말라고 금하고, 지옥 불길의 영원한 저주를 내리기까지 한다.

이상하게도 악마는 오랫동안 나의 사고 속에서 아무런 역할도 하지 않았다. 악마는 나에게 있어서 마치 힘센 사람의 쇠사슬에 묶여 있는, 못된 파수 개와도 같았다. 신 이외의 어느 누구도 세계에 대해서 아무런 책임도 없으며 내가 알던 바와 같이 신은 무서운 존재였다. 인간에 대한 신의 사랑, 신에 대한 인간의 사랑에 관해 아버지가 감정에 북받쳐 설교하고 찬양할 때 나의 회의와 불안은 더욱 커졌다. 마음속에는 다음과 같은 의심이 일어났다. 아버지는 자신이 하는 말을 정말 이해하는 걸까?

그 무렵 나는 내가 인생을 책임져야 하며 운명을 만들어 가는 일도 나에게 달렸다고 여겼다. 해답을 찾아야 하는 문제가 내게 있었다. 그런데 이 문제를 야기한 것은 누구인가? 아무도 그 문제에 대한 답을 말하지 않았다. 그 해답 또한 나 자신의 내면에서 찾아야 한다는 사실, 신 앞에서 나는 단독자이며 신만이 이런 무서운 일을 요구한다는 걸 깨달았다.

나는 마치 내 생애가 운명 지워져 있으며 충족되어야 한다는 숙명감을 안고 있었다. 이는 내적 안정감을 주었으며, 더욱이 자신에 대해 제대로 증명한 바 없었음에도 불구하고 스스로 증명이 됐다. 이런 확실성을 내가 소유하고 있는 게 아니라 그것이 나를 소유하고 있었다. 내가 바라는 바를 행하는 게 아니라 신이 바라는 바를 행하도록 정해져 있다는 확신은 그 누구도 내게서 빼앗아갈 수 없었다.

그리하여 내게 스스로의 길을 걸어간다는 강인함을 주었다. 이따금 내 자신이 인간들과 함께 있지 않고 오직 홀로 신과 함께 있다는 느낌을 가졌다. 내가 더는 혼자가 아닌 '그곳'에 있을 때면 나는 시간을 초월하는 존재였다. 즉, 나는 몇 세기에 걸쳐 존재하고 있었으며, 그때 답을 준 존재는 탄생 이전부터 존재하던 신이었다. '타인'과 이러한 의견을 나누는 일은 나의 가장 심오한 체험이었다. 그것

은 한편으로는 피비린내 나는 전투면서 더할 나위없는 황홀경이기
도 했다.

● ★ ▦

어머니는 나에게 무척 좋은 사람이었다. 그녀의 모성 본능에는 따
뜻함이 있었고 친절했으며 다른 사람의 말을 잘 들어 주었고 이야기
하는 일도 좋아했는데 말투가 활달하게 철썩이는 물소리 같았다. 요
리 솜씨가 훌륭하며, 사람과의 교제가 자연스럽고 명랑한 분이었다.
그녀는 누구나 갖고 있는 상식적인 의견을 갖고 있었으나, 그녀
안에 잠재해 있는 인격이 갑자기 모습을 드러내고는 했다. 그것은
예측할 수 없었고 강력했으며 범접할 수 없는 권위가 있었다. 그러
면서도 소박하고도 당당한 인물이었다. 여기에는 일말의 의심도 없
었다. 나는 어머니가 두 개의 인격이 있다고 확신했다. 하나는 신비
적이며 약간 두려운 존재였으며, 또 하나의 인격은 으스스하고 이따
금씩 나타났으나 예기치 못한 순간이어서 깜짝 놀라곤 했다. 그럴
때 어머니는 독백을 하듯 말했으나 내게 도움이 되었고 내부의 깊은
곳을 찔러서 말을 잃기도 했다.
아버지는 전혀 달랐다. 나는 종교적인 고민들을 아버지께 말씀드
리고 조언을 구하고 싶었으나 실제로 아버지가 직무상 명예를 위해
대답할 것을 알고 있기 때문에 물어보지 않았다. 내 가정이 얼마나
좋았는가는 곧 증명됐다. 아버지는 나에게 개인적으로 견진성사를
위한 가르침을 주었으나 말할 수 없이 지루했다. 어느 날 나는 『교

리 문답서』를 뒤적이면서 감상적이며 이해하기 어려운 설명들 외에 예수 그리스도에 관한 어떤 내용이 있는가를 찾았다. 그때 삼위일체에 관한 구절을 발견했다. 그것에는 나의 관심을 끄는 무언가가 있었다. 즉, 하나이면서 동시에 셋이라는 것이었다. 그것은 모순을 내포하고 있었는데 오히려 그 모순이 나의 호기심을 강하게 이끌었다. 나는 우리가 이 문제에 도달하는 순간을 고대하고 있었다.

그러나 겨우 그 순간이 왔을 때 아버지는 말했다. "삼위일체에 대한 것은 생략하기로 하자. 사실 나도 이 대목은 자신이 없다."

아버지의 정직함에는 감탄했으나 실망을 금치 못했다. 지루하긴 했지만 억지로 이해하려 들지 않고 믿어 보려 온갖 노력을 다 기울였고 성찬식에 참여할 준비를 하며 마지막 희망을 걸었다.

관례에 따라 교회 장로 중 한 사람이 나의 대부가 되었다. 그는 성격이 까다롭고 말수가 적었으며 수레바퀴를 만드는 목수였다. 나는 자주 그가 작업장에서 선반이나 손도끼를 익숙하게 작두질하는 놀라운 기술을 구경했다.

그런데 그는 프록코트와 실크 모자로 위엄 있게 모습을 바꾸고는 나를 데리고 교회로 갔다. 교회에서는 낯익은 복장을 한 아버지가 제단 뒤에 서서 기도문을 읽었다. 제단 위에는 잘게 썰어 놓은 빵 조각이 가득 들어 있는 커다란 쟁반이 놓여 있었다. 나는 그 빵이 여느 때와 마찬가지로 빵집에서 온 것임을 알고 있었다. 그리고 그 빵집에서 구운 빵은 별로 좋지 않고 맛이 없다는 사실을 알고 있었다. 주석 주전자에 든 포도주가 주석 잔에 부어졌다. 나는 그 포도주를 어느 술집에서 가져다 놓았는지 알고 있었다. 아버지는 빵 조각을 입에 넣고 포도주를 마신 뒤 컵을 노인에게 건넸다.

나에게는 모든 것이 너무 경직되고 근엄하게 보였지만 한편으로는 하찮은 일로 생각되었다. 초조한 마음으로 관찰을 계속했지만 그 노인의 마음속에서 무언가 다른 감정이 발생하는지 알 수도 추측할 수도 없었다. 그때의 분위기는 교회에서 행해지는 다른 행사, 즉 세례식이나 장례식 등의 분위기와 같았다. 무언가 전통적인 방법으로 행해진다는 인상을 받았다. 아버지 역시 그 일을 규칙에 따라 수행하는 데 열중하고 있었으며 간간이 분위기에 어울리는 성경 말씀을 낭독하고 있었다. 다른 모든 기념식은 날짜가 강조되었지만 여기에서는 예수가 죽은 지 1860년이 되었다는 사실에 대해 단 한마디 언급도 없었다. 나는 슬픔도 기쁨도 느끼지 못한 채 죽은 뒤 명성이 찬양되는 인물의 중요성에 비추어 볼 때 축연이 빈약하게 여겨졌으며 무의미하다고 생각했다.

어느덧 내 차례가 되었다. 나는 빵을 입에 넣었다. 생각보다 더 맛이 없었다. 포도는 혀만 갖다 댔는데도 물을 많이 섞어서 묽고 시큼함이 느껴졌다. 분명히 최상품의 포도주는 아니었다. 그리고 마지막 기도가 끝나자, 사람들은 슬픔도 기쁨도 없이 '다 그렇고 그런 것이지' 하는 무심한 표정으로 돌아갔다.

나는 아버지와 함께 집으로 돌아오면서, 내가 새로운 검은 펠트 모자를 쓰고 프록코트와 비슷한 검은색 예복을 입고 있다는 사실을 강하게 의식했다. 그 옷은 늘어뜨린 재킷 종류였는데, 뒤쪽 아래가 작은 두 날개 모양으로 퍼지고 그 사이로 손수건을 넣을 수 있는 주머니가 있었다. 그 옷은 어른스럽고 남자다운 복장처럼 느껴졌다. 내가 사회적으로 지위가 높아져 모르는 사이에 성인의 사회에 들어간 느낌이었다. 특별히 좋은 점심도 먹었다. 그러나 그 외에는 공허하기 그지없었으며 내가 무엇을 생각하고 있는지조차 알지 못했다.

그 후 생각해 보니 사실상 내게 아무 일도 일어나지 않았음을 느꼈다. 나는 그 무렵 종교 입문의 정점에 있었다. 그리고 무언가 일어날 것을 기대했지만 결국 아무 일도 일어나지 않았던 것이다. 나는 신이란 불이나 현세를 넘는 빛처럼 엄청난 것을 보여줄 수 있음을 알았다. 신이란 말할 수 없이 훌륭하다는 사실, 즉 시련과 이 세상의 것이라고는 생각할 수 없는 계시를 전수하리라 여겼다. 그러나 이런 의식은 신의 흔적을 찾을 수 없었다. 분명히 그곳에서도 신에 관한 언급은 있었으나, 말뿐이었다.

빵과 포도주가 나오는 빈약한 추도식은 무엇이란 말인가. 나에게 있어 성찬식은 치명적 경험이 됐다는 사실을 점차 알게 됐다. 그것은 공허했으며 더욱 심하게 표현하자면 일종의 손상을 입은 것이었다. 더는 그 의식에 참여할 수 없었다. 그것은 종교가 아니었으며 신은 존재하지 않았다. 더 이상 교회는 갈 수가 없는 곳이었다. 그곳은 내게 생명이 아니라 죽음이었다.

나는 아버지에 대해 격렬한 연민을 느꼈다. 아버지의 직업과 인생의 비극을 이해하게 됐다. 그는 죽음의 존재를 인정할 수 없었으나 죽음과 힘겹게 싸우고 있었다. 아버지와 나 사이에는 심연이 가운데 있었고 거기에 다리가 놓일 희망은 전혀 없었다. 나는 내가 원하는 대로 많은 일들을 맡겨 주었으며, 단 한 번도 강압한 적 없던 관대한 아버지를, 신의 은총을 경험하는 데 필요한 절망과 신성 모독으로 던질 수는 없었다.

내가 아는 한에서는 교회와 인간세계와의 일체감은 이미 닫혀 있었다. 나는 그때 내가 경험할 수 있는 가장 큰 좌절을 느꼈다고 생각했다. 내가 생각한 종교의 개념은 세계와 나 사이를 유일하게 뜻 있는 관계로 구성하는 무엇이라 생각했는데 그것이 무너지고 말았던 것이다.

나는 깊이 생각하기 시작했다. 사람은 신을 무엇으로 여겨야 하는가. 나는 신과 대성당에 대해 생각했으며, 세 살 때 내가 꾼 꿈은 만들어 낸 꿈이 아니었다. 그렇다면 자연히 책임져야 한단 말인가. 그러나 자연히 창조주의 의지 외에는 아무것도 없었다. 또한 악마를 비난하는 일도 아무 도움이 안 된다. 악마 또한 신의 창조물이다. 오로지 신만이 현실성 있는 분이며, 신만이 파괴할 수 있는 분인 동시에 무엇으로도 형언할 수 없는 은총이었기 때문이다.

성찬식의 실패는 내게 무엇을 가져다주었을까. 나 스스로의 실패였을까. 진지하게 이 문제를 숙고하고 은총과 계시를 경험하기를 고대했지만 아무 일도 생기지 않았다. 신은 부재했다.

나는 그제야 신의 은총으로 교회, 아버지, 모든 타인의 신앙에서 분리된 자신을 발견했다. 그들 모두 기독교를 대표하는 한, 나는 소외될 수밖에 없었다. 이러한 지식은 나를 슬픔으로 몰아넣었으며 그 후 내가 대학에 들어갈 때까지 늘 그림자로 따라다녔다.

비교적 작은 아버지의 서재에서 신에 관해 내게 가르쳐 줄 수 있는 책을 찾기 시작했다. 드디어 나는 1869년에 간행된 비더만의 『기독교 교리』를 발견했다. 이 책은 독립적으로 생각하고, 또한 자신만의 색깔이 있는 견해를 세웠다. 나는 그로부터 종교란 '인간이 신과 개인적 관계를 세울 때 인정할 수 있는 영적인 행위'라는 것을 배울 수 있었다. 그러나 그 의견에 나는 반대했다. 나는 종교를 신이 나에게 섭리하시는 무엇이라고 이해했기 때문이다. 즉 신은 무엇보다 강한 존재기 때문에 나는 절대적으로 신의 행위에 복종해야 했다. 나의 '종교'는 신과 인간적인 관계를 인정하지 않았다. 신과 같은 미지의 존재와 도대체 누가 어떤 방법으로 관계를 맺을 수 있단 말인가. 신에 대해서 더욱 많이 알아야만 신과의 관계를 확립할 수 있다. 비더만의 「신의 본질」이라는 장에서 신은 스스로를 '인간의 자아와 유사하게 생각되는 인격. 즉 전 우주를 포괄하고 세상을 독자적이며 세상과는 단절된 자아'로서 나타난 것을 발견했다.

내가 알고 있는 범위 안에서는 이러한 정의가 옳다고 느껴졌다. 하느님은 인격이 있으면서 우주의 자아였다. 그러나 나는 강력한 장애물과 부딪혔다. 인격도 하나의 성격일 것이다. 성격은 어느 하나이면서 다른 어떤 것이 되지 못한다. 정해진 특성이 있다. 그런데 하느님이 그 모든 것이라면서 일정한 성격을 가질 수 있단 말인가? 나는 자아와 유사하게 신을 상상하는 사실에 반발심이 들었다. 그것은 너무나 지나친 오만이라고 생각했다.

나는 신이 자연계를 스스로의 선으로 채우고 있다는 사실을 받아들이지 못했고 진지한 의심을 던지지도 않았다. 이는 분명히 추론이 끼어들어서는 안 되고 오직 믿음만이 필요하다는 점이다. 사실 신이 가장 높은 선이라면 왜 신이 만든 세계는 불완전하기 그지없고 타락에 빠졌으며 비참하단 말인가. 나는 세계는 악마에 물들고 혼란 속에 있다고 생각했다. 그러나 악마도 마찬가지로 신의 창조물이다. 그래서 악마에 대한 연구를 해야 했다. 괴로움, 불완전함, 악을 저지르는 이유는 무엇인가. 나는 아무것도 발견할 수 없었다.

모든 일이 다 헛수고였다. 그 교리책은 미사여구를 늘어놓은 책에 불과했다. 더욱 나쁘게 말하면 진실을 가리는 일밖에 없는 어리석은 짓이었다. 실망 끝에 분노까지 치밀어올랐다.

그 무렵 나는 호화 장정판으로 된 괴테의 『파우스트』를 찾았다. 그 책은 기적에 가까운 진통제처럼 나의 영혼 속으로 흘러들어 왔다. '드디어 여기에 악마를 진지하게 거론하고, 완전한 세계를 창조하려는 신의 계획을 방해할 만한 막강한 힘이 있는 자가 있구나' 하고 생각했다.

나는 이 희곡의 무게와 의미가 주로 메피스토펠레스 편에 있다는 느낌을 받았다. 그의 전체적인 이미지가 깊은 감명을 느끼게 했으며 어머니의 신비로움과 관련이 있다는 인상을 받았다. 어찌됐든 메피스토펠레스와 마지막 부분에 나오는 위대한 비결 전수는 의식 세계의 가장자리에 남아 훌륭하고 이해하기 어려운 경험으로서 남아 있다.

그 책을 읽은 뒤 나는 파우스트야말로 일종의 철학자이며 철학에서 돌아섰지만 철학으로부터 진리를 위한 개방성을 확실히 배웠음을 알게 됐다. 그때까지만 해도 철학에 대해 아는 바가 거의 없었으나 내 안에서는 고민이 점차 사라졌으며 우울한 상태도 나아졌다. 제1의 인격은 점점 더 분명하게 모습을 드러내기 시작했다. 학교와 도시 생활은 시간을 빼앗아갔으며 지식은 더 많아졌지만 점차 직관적인 예감의 세계에 깊이 들어감으로써 그것을 억압해 갔다. 나는 의식하여 구성했던 문제들을 계통을 세우고 탐구하기 시작했다. 철학사에 관한 짧은 소개문을 읽고서, 그 분야에서 고찰된 모든 사실의 조감도를 얻을 수 있었다. 나의 직관의 대부분이 역사적 유사성이 있다는 사실을 깨닫고 만족스러움을 느꼈다. 소크라테스의 철학 변론은 장황했지만 피타고라스, 헤라크리토스, 엠페도클레스, 플라톤의 사상에 매력을 느꼈다. 그들의 사상은 갤러리에 진열된 그림처럼 아름답고 학문적이었으나, 어느 정도 세속을 벗어난 느낌이었다. 마이스터 에크하르트에게만 생명의 숨결이 느껴졌다. 그러나 그를 온전히 이해하지 못했다. 학교의 교사들은 나를 냉정히 내버려 두었으며, 성 토마스와 아리스토텔레스 철학의 주지주의는 사막보다도 더 무미건조하게 여겨졌다. 18세기의 비평 철학은 처음부터 나의 흥미를 끌지 못했다. 게다가 19세기 철학자 중 헤겔은 이해할 수 없고 거만한 문체로 싫증이 나게 했다. 그는 자기만의 언어 체계에서 벗어나지 못하고 그 감옥 속에서 실속 없는 몸짓으로 이야기하는 사람처럼 보였다.

그러나 나의 탐구가 가져다 준 위대한 발견은 쇼펜하우어였다. 그는 분명히 우리들을 둘러싸고 있는 세계의 고통, 혼란과 고난과 악에 대해 확실하게 이야기했던 최초의 사람이었다. 다른 사람들은 이에 대해 거의 주목하지 않았고 그저 조화와 이해로 해결하려 했다. 그런데 비로소 세계의 기초는 가장 선한 것 위에 서 있지 않다는 사실을 직시하는 용기가 있는 철학자가 나온 것이다. 그는 가장 선하고 지혜로운 창조의 섭리, 피조물의 조화에 대해 논하지 않았다. 그 대신 역사 속 고통이 가득한 과정과 자연의 잔혹함에 있는 결함, 즉 세계 창조 의지에 대한 맹목성이 기저에 있음을 솔직히 밝혔다.

나는 그의 어두운 세계상에 완전히 고개를 끄덕였다. 그러나 그의 문제 해결 방법까지 찬성할 수는 없었다. 그가 쓰는 '의지'라는 말이 사실은 신과 조물주를 뜻한다는 것, 신은 맹목적이라고 일컫는다는 것을 확신했다. 나는 경험을 통해서 신은 신에 대한 모욕 때문에 분노하고 있는 것이 아니라, 오히려 인간의 밝고 긍정적인 면에 대해 분노하고 있으며 또한 인간의 어둠과 불경스러움까지도 불러일으키려 하는 동시에, 심지어 그것을 장려하고 있다고 생각했으므로 그의 견해에 대해 거리낌을 느끼지 않았다. 오히려 사실을 통해 증명된다고 믿었다.

그리하여 나는 쇼펜하우어를 더욱 연구해야 했고 차츰 그와 칸트와의 관계에 감명을 받게 되었다. 그래서 칸트의 저서들을 읽기 시작했는데 특히 『순수 이성 비판』은 나를 더욱 진지하고 어려운 사색에 빠지게 했다. 그 결과 쇼펜하우어의 체계에서 근본적 문제를 찾을 수 있었다. 그는 형이상학적 주장을 본질로 보았으며 단순한 사물 그 자체에다 특별한 성질을 부여하는, 참으로 무서운 실수를 저질렀던 것이다. 나는 이런 사실을 칸트의 지식에 관한 이론으로 이해하였으며, 이는 쇼펜하우어의 '염세적'인 세계상보다 더욱 큰 계시를 주었다.

이런 철학적 발전은 열일곱 살부터 의학생 시절까지 계속되었다. 이것은 세계와 인생에 대한 나의 태도에 혁명에 가까운 변화를 불러왔다. 이전에 나는 수줍음을 많이 타고, 겁쟁이에, 의심이 많았으며 얼굴은 창백하고 보기에도 약골이었다. 그러나 이제 모든 곳에서 왕성한 의욕을 드러냈다. 나는 스스로가 바라는 것을 알았기에 거기에 충실했다. 나의 성격은 사교적으로 되어 가면서 의사 전달도 순조롭게 했다. 가난 또한 인생의 불안한 점이나 괴로움의 원인도 아니라는 사실과 부잣집 아이도 가난하고 초라한 몰골의 소년과 비교해 볼 때, 특별히 우수하지만 않다는 점을 발견했다.

행복과 불행에서는 물질의 많고 적음보다 훨씬 깊은 원인이 있음을 알았다. 예전보다 훨씬 많은 친구들을 사귀었다. 튼튼한 발로 대지를 밟을 때의 안정감을 느끼며 나의 생각을 솔직하게 말할 수 있었다. 그러나 그 모든 것은 너무나 빨리 발견함으로써 후회하게 된 원인이 되었으며, 또한 오해가 되고 말았다. 나는 당혹스러움과 조소뿐만 아닌 적의에 찬 거절과 마주쳤다. 또한 놀랍고 당황스러웠던 일은 심지어 나를 허풍쟁이에다 건방진 사기꾼으로 본다는 사실을 발견했기 때문이다.

그 뒤부터 학교 친구들과는 심각한 이야기를 하지 않으려 노력했다. 나는 내가 아는 어른들 중에서 나를 허풍쟁이나 사기꾼으로 보면 어쩌나 하고 걱정할 위험 없이 나눌 수 있는 사람을 찾지 못했다. 가장 고통스러웠던 점은 내부에서 내적 분열과 두 세계의 분열을 극복하려는 노력에 대한 욕구불만이었다.

나이가 들면서 부모나 다른 사람들은 내게 무엇이 되기를 원하는지 자주 질문했다. 그러나 확실히 진로를 결정내리지 못했다. 나의 관심은 두 가지 방향으로 나뉘어 있었다. 한편으로는 사실에 입각한 진리를 추구하는 자연 과학에 지대한 관심이 있으며, 한편으로는 비교 종교학과 관계있는 사실에 매료되어 있었다. 나의 관심을 끈 부분은 자연과학에서는 동물학, 고생물학, 지질학이었고, 인문과학에서는 그리스, 로마, 이집트 등 유사 이전의 고고학에 끌리고 있었다. 물론 당시에는 이러한 과목을 선택하는 일이 자신의 내적 분열과 얼마나 잘 부합하는지 알 수 없었다. 자연과학에서 구체적 사실과 역사적 배경이 나의 흥미를 끌었으며, 비교 종교학에서는 영적인 문제였다. 그리고 여기에는 철학도 들어 있었다. 하지만 아쉬웠던 것은 과학에서는 의미의 요인을, 종교에서는 경험의 요인을 간과해 버린 점이었다. 과학은 제1의 인격의 필요성을 충족시켜 주었으며, 인문과학 내지 역사적 연구는 제2의 인격에 대해 유일한 가르침을 제공해 주었다.

나는 몇 번에 걸쳐서 아버지와 진지한 이야기를 나누었다. 어느 학문이든 마음에 끌리는 학문을 선택하면 되겠지만, 아버지의 충고를 빌리자면 신학은 피해야만 된다고 했다. 아버지는 "신학자 이외

의 직업이라면, 어느 것이든 좋은 것을 선택하도록 해라"라고 단호
하게 말씀하셨다. 이미 이때 우리 사이에는 어느 일이든지 숨기지
않고 이야기할 수 있다는 암묵적 동의가 이루어져 있었다. 아버지는
내가 가능한 한 교회와 관계를 끊은 사실이나 두 번 다시 성찬식에
참석하지 않았던 일에 대해 한 번도 잘못을 따지지 않았다. 나는 교
회를 멀리할수록 점점 마음이 편해졌다. 한 가지 아쉬운 점이 있다
면 오르간과 합창 소리를 듣지 못한다는 것이었다.

나는 아버지에게 신학자가 될 마음이 전혀 없다고 말함으로써 그
를 안심시킬 수 있었다. 그러나 계속해서 자연과학과 인문과학 사이
에서 갈피를 잡지 못하고 있었다. 그리고 제2의 인격이 임시휴게소
를 가지고 있지 않다는 사실이 분명히 이해되기 시작했다. 제2의 인
격 안에서 나는 시간과 공간을 초월해 있었다. 즉, 제2의 인격 속에
서 나는 자신이 수천 개의 눈을 가진, 우주에서의 유일한 눈에 지나
지 않으며 땅 위에 있는 작은 돌 하나라도 움직일 수 없는 존재라고
느끼고 있었다. 이런 수동적 성격과 달리 제1의 인격은 활동을 원했
으나, 현 상태에서는 해결할 수 없는 갈등에 사로잡혀 있었다. 결국
나는 기다리면서 무엇이 일어나는가를 지켜봐야만 했었다.

그 무렵 누군가가 무엇이 될 생각이냐고 묻는다면 언어학자가 되
려 한다고 대답할 작정이었다. 그러면서 속으로 은밀히 아시리아와
이집트의 고고학을 생각하고 있던 것이다.

아버지의 죽음   03

과학서로 자연과학에 대한 관심이 높아졌는데도 종종 철학서를 펼쳤다. 직업 선택의 문제는 놀라운 결말로 치닫고 있었다.

나는 중학교 시절이 끝나기를 즐거운 마음으로 고대하고 있었다. 대학에 진학해서 자연과학을 공부할 작정이었고, 뭔가 참다운 지식을 갖게 될 것이었다. 나는 또한 스스로 생계를 책임져야 할 때가 왔음을 깨달았으며 그러한 위치에 있음이 차츰 분명해졌다.

이와 같은 막다른 골목에서 마음만 먹는다면 의학을 공부할 수도 있을 거라는 생각이 갑자기 떠올랐다. 증조부님은 의사였으며, 그분에 관한 이야기는 익히 들어왔다. 그런데 한 번도 의학 공부에 대해서 생각해 보지 못한 건 이상한 일이었다. 사실은 그 까닭으로 직업에 저항감을 느꼈던 거 같다. 그러나 의학 공부는 과학적인 학과로서 시작된다는 사실로 자신을 타일렀다. 게다가 의학 분야는 넓고, 나중에는 전문 분야로 갈라지게 되기 때문에 선택의 여지가 있었다.

확실하게 과학을 선택해도 '어떤 방법으로'라는 문제가 유일하게 남아 있었다. 나는 스스로 생계를 꾸려야 했으나 가난해서 외국 대학에 진학할 수도 없었다. 뿐만 아니라 학교 친구나 교사와 같은 손윗사람들이 나를 싫어했기 때문에 나의 가능성을 발견해 줄 후원자를 찾기는 어려웠다.

그리하여 내가 마지막에 의학을 택했을 때도 인생을 그러한 타협으로 시작하는 일은 좋지 않다는 생각이 있었다. 그럼에도 나는 이렇게 변경이 어려운 결정이 내려졌음에 몹시 부담을 던 느낌이 들었다.

당면한 문제는 어디서 필요한 돈을 구하느냐였다. 아버지는 애를 썼지만 그 일부를 마련할 수 있을 따름이었다. 아버지는 바젤 대학에 장학금을 신청했는데, 부끄럽게도 그것이 인정되었다. 내가 부끄럽게 여긴 이유는 우리 집의 가난이 세상에 널리 알려졌기 때문이 아니라, 나에게 호감을 갖는 사람이 없음을 알았기 때문이다. 그들로부터 친절을 기대하지는 않았다. 다만 착하고 소박한 아버지에 대한 평판 덕분에 이익을 얻은 것이다.

나는 내가 아버지와 전혀 다름을 느끼고 있었다. 내 자신에 대해서도 상반된 견해를 느끼고 있었다. 제1의 인격의 눈으로 봤을 때 나는 호감이 그다지 가지 않고 재능도 보통인 청년이지만 야심은 크고 기질은 거칠며 태도는 애매했다. 제2의 인격은 이런 제1의 인격을 까다롭고 은혜를 모르고 도덕적 과제, 마무리 지어야 할 숙제로 여겼다. 제2의 인격은 정의 내리기 어려운 특성이 있었다. 생명력이 투철하며 하나인 동시에 온갖 것인 인간성의 전체상이었다. 냉혹하고 분명한 기질이 있으나 무능했다.

● ★ 🔳

1892년부터 1894년 사이에, 몇 차례 아버지와 격렬하게 논쟁을 벌였다. 아버지는 케팅겐에서 동양어를 연구하고 구약성서의 '아가'의 이야기를 아라비아어로 번역해서 논문을 썼었다. 아버지의 영광의 나날들은 최후의 시험과 함께 끝나고 말았다. 그 후 자신의 어학 재능을 잊었다. 그는 시골의 목사로서 일종의 낭만이 있는 관념론에 빠져 학생 시절의 회상에 젖어 있었으며 기다란 학생용 담뱃대로 담배를 피웠다. 또한 그의 결혼이 옛날의 상상과 다름을 발견하게 된 것이다. 그는 많은 선행을 행했다. 그러나 지나칠 정도로 많이 행해서 오히려 평소에는 초조한 기색이었다. 부모는 모두 신앙이 깊은 생애를 보내기 위해 애썼으나 언제나 초조해했다. 이런 어려움은 이해할 수 있었지만 결국엔 아버지의 신앙을 산산이 붕괴시키고 말았던 것이다.

그 무렵 아버지의 초조와 불안은 더욱 커지고 있었다. 아버지 상태도 불안했다. 어머니는 아버지를 자극할 만한 일들은 모두 피했다. 싸우는 일도 없었다. 그 방법이 가장 현명하다는 사실은 알고 있었으나 때때로 치미는 격분을 누를 길이 없었다. 아버지의 분노가 터질 때는 가만히 두었으나 가까이 다가갈 분위기일 때는 이따금 아버지의 내면과 자기 이해에 대해 무언가를 배우려고 대화를 시작했다. 그래서 무언가 특수한 부분이 아버지를 괴롭히고 있음을 알게 됐고, 이것이 아버지의 신앙과 관계있지 않은가 생각해 보았다. 그가 암시했던 많은 사실들을 통해서 종교적 회의 때문에 괴로워한다고 확신하기에 이르렀다.

아버지는 정신의학자들이 말하는, 마음이 있어야 할 곳에 물질만이 존재하며, '정신적'인 것은 전혀 존재하지 않는다는 사실을 증명했다고 믿고 있었다. 이 사실은 내가 의학을 공부하게 되더라도 결코 유물론자가 되어서는 안 된다는 경고와도 일치했다. 또한 아무것도 믿어서는 안 된다는 뜻이었다. 왜냐하면 유물론자들은 신학자들과 마찬가지로 그들의 정의를 믿고 있다는 사실을 알고 있었다. 가없은 아버지는 작은 어려움을 피하려다 큰 어려움에 부딪친 꼴이 되었음을 알고 있었기 때문이다. 언제나 아버지는 이처럼 축복받은 신앙이 그에게 위험한 음모를 꾸몄고 자신뿐만 아니라 교양 있는 성실한 사람들 거의 전부를 속여 왔다는 것을 알았다. 신앙의 중요한 죄는 경험의 기선을 제압하는 일이라고 생각했다. 신학자들은 신이 어떤 사람을 신중하게 결정하고, 다른 사람에 대해서 '용서했다'는 사실을 어떻게 알았을까? 정신의학자들은 물질에는 인간 마음의 성질이 들어 있다는 사실을 어떻게 알았을까?

나는 유물론에 굴복당할 위험은 없었으나 아버지는 결국 굴복하고 말았던 것이다. 누군가 아버지에게 '암시'에 대해 은밀히 일러 주었음이 분명했다. 그 무렵 아버지가 암시에 대한 베른하임의 저서를 지그문트 프로이트의 번역판으로 읽는 모습을 보았다. 이는 새로운 일이었다. 이전까지 아버지는 소설이나 여행기는 읽었지만 그렇게 재치 있고 흥미로운 책은 금기였다.

그해 봄에 나는 바젤 대학에서 공부를 시작했다. 내 인생에서 지루하기 짝이 없게 보냈던 유일한 시기는 끝이 나고, 대학과 학문의 자유를 향한 문이 활짝 열려 있었다. 비로소 나는 자연을 통해서 진리를, 그것도 진리의 가장 본질적인 측면을 듣고 깨닫게 되려던 참이었다. 인간에 관한 모든 해부학적이고 생리학적인 지식을 알고 싶었다. 뿐만 아니라 인간의 생물학적 긴급 상태, 즉 질병에 관한 지식을 얻으리라 마음먹었다.

무엇보다도 나는 아버지가 소속했었던 학생조합에 가입할 수 있었다. 신입생일 때 마르크그라프 지방의 포도 재배 마을로 동아리 소풍을 갔는데 아버지는 나와 함께 가기까지 했다. 아버지는 그곳에서 즐겁게 연설을 했다. 아버지의 모습에서 학생 시절의 생기가 되살아나는 것이 기쁘기 그지없었다.

●　★　■

1895년 늦가을에 아버지는 병상에 눕고 1896년 초에 돌아가셨다. 나는 강의가 끝나고 집으로 돌아와서 아버지의 병에 대해 어머니께 여쭈었다. "마찬가지란다. 몹시 허약해지신 것 같구나" 하고 대답했다.

아버지는 어머니에게 무언가 작게 말씀했다. 어머니는 눈짓으로 아버지가 헛소리를 하신다고 알리면서 말했다. "아버지께서는 네가 국가 자격시험에 합격했는지를 알고 싶어 하시는 구나." 나는 거짓말을 해야겠다고 생각해 "네, 합격했습니다"라고 대답했다. 아버지는 마음이 놓인 듯 한숨을 푹 내쉬고 나서 눈을 감으셨다.

한참 뒤에 나는 다시 한 번 아버지의 상태를 살피러 갔다. 아버지의 입에서는 숨을 몰아쉬는 소리가 났다. 갑자기 무서운 생각이 들어 어머니를 찾아 옆방으로 뛰어갔다. "아버지가 죽어 가고 있어요"라고 말하자, 어머니는 아버지의 방으로 건너갔다. 그러나 아버지는 이미 돌아가신 상태였다. 어머니가 충격을 받은 듯 말했다. "모든 일이 순식간에 지나가는구나."

그 후 며칠 동안은 괴롭고 우울했다. 어머니는 나에게 "아버지는 너를 위해서 적당한 시기에 돌아가셨구나"라고 말씀하셨다. 그것은 다음과 같은 뜻이 있었다. 즉, '두 사람은 서로 이해하지 못했고, 아버지는 너의 방해자가 됐는지도 모른다.' 이런 말이 나로서는 어머니의 제2의 인격에 맞다고 생각했다.

'너를 위해서'라는 말이 몹시 아프게 느껴졌다. 지난날은 그때 완전히 끝나 버렸다고 생각했다. 다른 한편 남성스러움과 해방감이 내 안에서 움텄다. 그 후 나는 아버지의 방으로 옮기고 집안에서 아버지의 역할을 대신했다.

아버지의 죽음과 더불어 나의 학업 문제가 얘기됐다. 외갓집의 친척은 가급적 빨리 돈을 벌기 위해서는 사무실 서기 자리라도 구해야 된다는 의견이었다. 어머니가 가진 돈으로는 어머니가 생활해 나가기에도 충분하지 못했으므로 막내 이모님이 도와주고 있었다. 종조부님은 나를 도와주었다. 나머지는 내가 조수로 일하거나 늙은 고모님이 수집한 골동품을 처분하는 일도 도와드려서 돈을 벌었다.

이 시절의 궁핍함을 잊지 못할 것이다. 이런 때 사람은 하찮은 물건도 아껴야 함을 알게 된다. 나는 지금도 담배 한 상자를 선물로 받았던 때를 기억하고 있다. 그때 나는 왕자가 된 듯한 기분이었다. 일요일에만 그 담배를 피웠기 때문에 거의 일 년 동안 피웠다.

대학 시절은 즐거웠다. 매사가 순조롭게 이루어졌으며, 우정이 성숙하는 시절이었다. 나는 동아리와의 회합에서 몇 번 정도 신학과 심리학에 관한 주제로 학술발표회를 가졌다. 토론이 활발하게 이루어졌으며 이는 의학상 문제에만 한정되지 않았다. 칸트와 쇼펜하우어에 대해 논의했고, 키르케고르의 문체상의 미묘함에 대해서도 토론했으며 신학과 철학에도 관심을 가졌다.

대학 시절 동안 나는 종교적 문제에 많은 자극을 받았다. 집에서 아버지의 대리격인 신학자와 자유롭게 이야기할 때가 있었는데 그는 나를 압도하고도 남음이었다. 지적 수준뿐만 아니라 월등히 박학다식했다. 그에게서 교부와 교리 역사에 대한 많은 내용을 배웠다. 또한 프로테스탄트 신학의 새로운 측면을 알기도 했다.

당시에는 리츨의 신학이 크게 유행하고 있었다. 그의 역사주의, 특히 그리스도의 영향력과 철도의 비교는 나를 화나게 만들었다. 동아리에서 토론한 신학생들은 모두 그리스도의 생애가 만든 역사적 효과에 대단히 만족하는 것처럼 보였다. 나는 그리스도를 맨 앞으로 내세우는 일에 대해서, 그리스도를 신과 인간의 드라마 속에서 유일하고도 결정적인 인물로 만드는 관점에 대해서 동의할 수 없었다. 이것은 그리스도를 낳았던 성령이 그리스도가 죽은 뒤, 인간 가운데 그 몸을 나타날 것이라는 그리스도 자신의 견해와 완전히 위배된다고 생각했다.

대학에 들어와서 처음 몇 년 동안, 나는 다음과 같은 것을 발견하였다. 즉, 자연과학은 수많은 지식으로 들어가는 문이었으나 진정한 통찰은 가끔 실현되었을 뿐이다. 그마저도 대개 전문적인 내용이라는 사실이다. 이러한 상태를 마음이 책임져야 한다는 사실도 철학서를 통해 알았다. 마음이 아니라면 지식도 통찰도 있을 수 없기 때문이다. 그러나 마음에 관해서는 과거에 전혀 말해진 바가 없었다. 마음이 암암리에 전제되어 있던 곳 어디서나 C. G. 칼스가 말한 바와 같은 철학적 사색을 제외하고는 마음에 대한 진정한 지식은 없었다. 이런 기묘한 관찰을 어떻게 받아들여야 할지 나는 전혀 이해할 수 없었다.

그러나 2학기 말에 나는 중요한 발견을 하게 됐다. 예술사가였던 급우의 아버지 서재에서 정신 현상에 관한 17세기의 소책자를 발견한 것이다. 이 소책자는 신학자가 쓴 것으로 심령술의 시초에 관한 내용이었다. 나의 최초의 의문은 당장 풀린 셈이었다. 왜냐하면 그 책에 쓰인 현상은 어릴 때부터 고향에서 반복해서 들어 왔던 이야기와 일치하고 있었기 때문이다. 자료 또한 확실히 신뢰할 만한 것이었다. 그러나 이들 이야기가 물리적으로 진실한가에 대한 의문에는 납득할 수 있는 뚜렷한 해답이 없었다.

예과가 끝나자 나는 해부학의 조교수가 되었다. 다음 학기에는 실험 실습 교수들이 나를 조직학 과정의 담당자로 배치했다. 나는 그 처우에 대해 만족했다. 주로 흥미를 갖는 부분은 진화론과 비교 해부학이었으며 신활력설에도 정통하게 되었다. 특히 크게 관심을 가진 부분은 넓은 의미의 형태학적 관점이었다. 생리학은 반대였다. 단순히 실습 교육만을 목적으로 하는 생채 해부는 생리학을 더욱 싫게 만들었다. 온혈동물은 우리와 같은 종류이며, 단순한 신경 자동 장치가 아니라는 생각에서 빠져나올 수가 없었다. 가능하면 가급적 강의에 빠졌다. 동물에 대한 나의 연민은 쇼펜하우어 철학의 불교적 수사에서 비롯되었다기보다 마음의 원시적인 태도의 보다 깊은 기반, 즉 동물과 인간의 무의식적 동일성에 의해 뒷받침되고 있던 것이다. 그 무렵에는 이와 같은 중요한 심리학적 사실에 대해서 무지한 쪽이었다. 생리학에 대한 반감이 컸기 때문에 자연히 시험 결과도 나빴다.

그 후 임상의학 학기는 쉴 새 없이 바빴기 때문에 다른 분야에 마음을 쓸 시간적 여유가 거의 없었다. 다만 일요일은 겨우 칸트를 공부할 수 있었다. 또한 에두아르트 폰 하르트만을 열심히 읽었다. 니체는 얼마 동안 나의 독서 예정표에 올라 있기는 했으나, 충분한 준비가 되어 있지 않아 읽기를 망설였다. 이 무렵 유능한 철학부 학생들은 니체를 자주 논의의 대상에 올려놓았다. 이 사실을 통해서 나는 보다 높은 차원에서 지배적인 니체에 대한 반감을 예상할 수 있었다.

　최고의 권위자는 물론 야코프 부르크하르트였다. 니체에 관한 그의 비판적 논평이 곳곳에 퍼져 있었다. 대학에서도 니체를 개인적으로 알고 있는 사람들이 있었으며, 니체에 관한 여러 가지 소식을 전해 주는 사람이 몇몇 있었다.

　그들이 대부분은 니체의 저서를 거의 읽지 않았다. 따라서 니체의 외견상 결함 예를 들면 신사를 가장하며 오만하게 구는 행동, 겉멋 든 자세로 피아노를 치는 태도, 과장된 문체 등 당시 바젤에 있는 선량한 사람들의 신경을 건드리던 여러 가지 특징들을 장황하게 지껄여 대고 있었다.

　그러한 사실들도 나로 하여금 니체를 읽는 일을 지연시켜 주지 않고 강한 매력을 느끼게 했다. 그의 저서 중에서 내게 가장 먼저 들어온 책은 『반시대적 고찰』이라는 책이었다. 나는 무척 빠져들어 그 뒤 『차라투스트라는 이렇게 말했다』를 읽었다. 이것은 괴테의 『파우스트』처럼, 강렬한 체험이었다. 차라투스트라는 니체의 파우스트이고 그의 제2의 인격이었으며, 나의 제2의 인격은 그 차라투스트라에 해당되었다.

　내게 문을 열어 준 이가 파우스트라면 반대로 차라투스트라는 문을 닫아 버렸다. 그 문은 그 뒤 닫힌 그대로였다.

　1898년에 나는 의사로서의 삶을 더욱 진지하게 생각하기 시작했다. 슬슬 전문직을 결정해야만 했다. 선택지는 외과와 내과에서 해야 했다. 해부학에서는 특별한 훈련을 받고 있었고, 병리학을 좋아했기 때문에 외과로 마음이 기울고 있었다. 만일 필요한 재력이 갖추어져 있었다면 나는 아마도 외과의를 직업으로 택했을 것이다.

공부를 하기 위해서 처음부터 빚을 지는 일은 몹시 괴로웠다. 마지막 시험이 끝나면 가능한 한 생계비를 벌어 자립해야겠다는 생각을 하고 있었다. 나는 어느 주립병원의 조수 자리를 생각하고 있었다.

그곳이라면 대학병원보다 나은 급료의 자리를 얻을 수 있는 기대가 있었다. 대학병원의 자리는 대개 소속장의 지위에 있는 인물의 후원이나 개인적인 기호에 따라 달려 있었다. 나는 사교적인 성격도 아니고 낯선 사람에게는 무뚝뚝했기 때문에 그런 행운은 처음부터 생각하지 않았다. 따라서 지방 병원의 조수 자리에 만족하기로 했다. 그렇게 되면 나머지는 성실함, 노력, 적응력에 달려 있었다.

대학병원에서는 프리드리히 폰 뮐러가 계속 고참 근무자의 자리를 지키고 있었다. 나는 뮐러에게 호감을 느끼고 있었다. 예민한 지성이 어떻게 문제를 파악하고 질문을 만들어 내는가를 보았다. 그 또한 내게서 뭔가를 발견했는지도 몰랐다. 나의 연구가 끝날 무렵, 그가 임명되었던 뮌헨으로 자기의 조수로서 함께 가자고 제안을 했다. 그의 권유는 내 마음을 움직여 내과를 선택하도록 만들 뻔했다. 만일 나의 장래 생활방식에 관한 의혹을 없애 주는 어떤 일이 일어나지 않았으면 아마 그의 말대로 했을지도 모를 일이기 때문이다.

나는 계속 정신의학 강의나 임상 강의에 출석했으나, 그 당시 정신의학 강의는 흥미를 끌지 못했다. 정신병원 체험이 아버지에게 끼친 영향을 생각하면, 정신의학을 지지할 마음이 들지 않았다. 국가 시험을 준비할 때도 마지막에 정신의학 교과서를 공부했었다. 나는 정신의학에 대해 어떤 기대도 없었다. 크라프트 에빙의 책을 펼치면서도 그랬다. 그 책의 서문부터 읽으며 정신의학자가 그의 주제를 어떻게 소개하는지, 주로 어디에 존재 이유를 두고 있는지 보고자 했다. 이런 오만한 태도에는 그런 이유가 있었다.

당시 의학계에서는 정신의학이 완전히 경시되고 있었으며 전체적으로 인간을 보는 동시에 병적인 변화를 포함시키려는 심리학은 없었다. 관리자는 환자와 함께 같은 건물 안에 갇혀 있어야만 했으며, 그 건물 또한 나환자 병원과 마찬가지로 도시에서 떨어져 격리되어 있었다. 그곳으로 눈을 돌리려는 사람은 아무도 없었다. 의사도 보통 사람과 거의 비슷한 지식밖에 없었다. 따라서 생각도 크게 다르지 않았다. 정신병은 절망적인 동시에 숙명적인 병이었다. 이 사실이 더욱 정신의학에 어두운 그림자를 드리우고 있었다. 그 당시에는 정신의학자 역시 괴짜로 여겨졌다.

그런데 나는 서문에서 "정신의학 교과서들은 분야의 특이성, 학문 형성의 불완전성으로 인해 주관적이다"라는 문장을 읽었다. 몇 줄 더 읽었을 때 저자는 정신병을 '인격의 병'이라 말했다.

내가 이상한 옆길에 흥미를 갖게 될 줄은 상상도 하지 못했을 것이다. 친구들도 눈앞에 닥치는 내과 경력을 쌓을 기회를 박차고 정신의학과처럼 하찮은 학과를 선택하는 나를 어리석게 여겼으며 어이없어 했다. 나는 아무도 나를 따라올 수 없으며, 따라오려고 생각지도 않는 옆길로 분명히 들어섰다는 사실을 알 수 있었다. 그러나 나의 결심은 흔들리지 않았다. 심지어 숙명이라는 느낌마저 들었다. 아무것도, 그 누구도 나의 확신을 흔들 수는 없을 것이다. 나의 자신감은 마치 마법의 물결을 타고 있는 것처럼 시험을 치르게 했고, 나는 시험에서 우수한 성적을 거두었다.

모든 일이 너무나 순조롭게 흐르는 기적의 길엔 반드시 숨겨져 있는 장애물이 있기 마련으로, 내가 정말 뛰어난 과목이었던 병리해부학에서 시험을 망치고 말았다. 바보스럽기 짝이 없는 실수 때문에 찌꺼기는 고사하고 외피 세포만을 포함하고 있는 것 같이 생각되는 덮개 유리 속에 사상균이 숨어 있는 사실을 놓치고 말았다. 다른 과목은 어떤 함정이 있을지 무난하게 예상해서 무사히 치를 수 있었다. 그러나 가장 자신 있는 과목에서, 가장 엉뚱한 실수를 함으로써 타격을 입은 것이었다. 그 실수만 아니었다면 아마 그 시험에서 최고점을 획득했을 것이다.

마지막 시험을 치른 날 저녁, 나는 극장에 가고 싶다는 사치스런 소원을 풀었다. 이런 일은 생전 처음 있는 일이었다. 그전까지는 그런 사치를 부릴만한 재력이 없었으며 그런 생각도 할 수 없었다. 그러나 골동품을 팔아서 벌었던 돈이 아직 얼마간 남아 있었다. 그 돈으로 오페라 구경을 할 수 있었을 뿐만 아니라, 뮌헨과 슈투트가르트로 짧은 여행을 할 수도 있었다.

비제의 음악은 나를 취하게 하고 압도했다. 그리고 마음을 몹시 뒤흔들어 놓았다. 다음 날 기차를 타고 국경을 넘어 보다 넓은 세계로 갔을 때도, 가슴속에는 카르멘의 멜로디가 여운을 울리고 있었다. 나는 뮌헨에서 처음으로 진정한 고전 예술을 보았다. 그것은 비제의 음악과 더불어 내 속에서 어떤 분위기를 불러일으켰다. 깊이와 무게를 짐작할 수 없지만 마치 봄처럼 따뜻하고 결혼식과 같은 들뜬 기분에 빠지게 했다.

＊ ＊ ＊

1900년 12월 10일, 나는 취리히의 부르크휠츨리 정신병원에서 조수 자리를 얻었다. 몇 해 동안 바젤은 숨이 막힐 듯 좁게 느껴지는 곳으로 변해 가고 있었기 때문에, 취리히로 오게 된 일은 다행이었다. 친구들은 나의 떠남을 이해하지 못한 채 곧 돌아오리라고 믿고 있었다. 이것은 문제가 되지 않았다. 바젤에서 나는 언제나 목사 폴 융의 아들이자 칼 구스타프 융 교수의 손자라는 딱지가 붙어 있었다. 나는 지식인으로서 일정한 사회에 소속되어 있었다. 바젤의 지적인 분위기는 부러울 정도로 국제적이었으나 전통의 중압감은 무거웠다.

취리히에 도착하자, 확실히 다르다는 것을 느꼈다. 취리히는 지성뿐만 아니라, 상업도 세계와 연결되어 있었다. 이곳은 자유로운 분위기였고 나는 늘 이 점을 늘 높이 평가했다. 비록 여기 사람들은 문화의 풍요로운 배경이 없음을 유감스럽게 생각하고 있을지는 모르지만, 수 세기 전의 검은 안개에 압박당하지는 않았다.

내가 바젤을 떠나는 일은 어머니에게는 몹시 힘든 일이었다. 그러나 나는 어머니에게 이 고통을 참아 달라고 하지 않을 수 없었으며, 어머니도 용감하게 그 고통을 참으셨다.

어머니는 누이동생과 함께 살았다. 나와 정반대로 섬세한 성격의 누이동생은 자주 병치레를 했다. 그녀는 마치 결혼하지 않고 한평생을 혼자 보내도록 운명 지워져 있는 사람 같았다.

사실 그녀는 평생 결혼하지 않았다. 그녀는 훌륭한 인격의 소유자로서, 나는 그녀의 태도를 보면 칭찬이 절로 나왔다. 그녀는 수술을 받아야 했다. 수술은 큰 위험이 없을 것으로 생각됐으나 결국 세상을 떠나고 말았다. 그 후 나는 그녀가 미리 사소한 부분까지 신변의 정리를 끝냈음을 알았을 때, 너무나 깊은 감명을 받았다. 그녀는 언제나 헤아릴 수 없는 사람이었으며, 나는 그녀를 무척 존경했다.

부르크횔츨리에서는 생활이 주로 현실적인 모습을 띠기 시작했는데 그것은 일 덕택이었다. 세상이라는 수도원으로 들어가서 보편적이며 진부한 것만을 믿었으며, 특이하고 의미성을 거부하고 비범함을 평범함으로 바꾼다는 맹세에 따르는 일이었다. 그러므로 그곳에서는 무엇으로도 가릴 수 없는 표피적인 일, 시작만 하고 지속됨이 없는 일, 일관성이 결여된 사건, 보다 좁은 범위로 축소되는 지식, 문제를 불러일으키는 수많은 실패, 우울하고 편협한 시야, 그리고 일상사라는 끝없는 불모지가 있을 뿐이었다.

6개월 동안, 나는 병원에서의 생활과 정신에 익숙해지기 위해 나 자신을 수도원의 벽 안에 가두고 정신의학적 심성에 정통할 수 있도록 정신의학 종합 잡지 50권을 처음부터 끝까지 통독했다. 나는 인간의 마음이 스스로 무너지는 모습과 마주칠 때 어떻게 반응하는지 알고 싶었다. 나에게 있어서 정신의학이란 정신병이 생겼을 때, 이른바 건강한 마음을 붙잡는 생물학적 반응을 언어로 표현한 것이라 여겼기 때문이다. 동료들 또한 환자만큼 흥미를 끌었다. 그 뒤 몇 년 동안 은밀히 스위스 동료들의 유전적 배경에 대한 통계를 모으고 많은 정보를 얻었다. 그 작업은 정신의학적 심성을 이해하기 위해서뿐만 아니라, 나 자신의 개인적인 계발을 위해서도 도움이 됐다.

연구에 대한 몰두와 스스로를 감금하듯 만든 상태는 동료와의 사이를 멀어지게 만들었음은 당연하다. 그들은 정신의학이 얼마나 기이한 학문인지, 내가 정신의학의 정신을 정통하려고 얼마나 필사적인 노력을 기울였는가를 알지 못했다. 당시 나는 정신의학적 치료법에 대해 큰 관심을 기울이지 않았다. 그러나 정상성이 병적 변화로 바뀌는 과정은 나를 사로잡았다. 그러한 이행 과정들은 정신에 관해 보다 깊은 통찰을 얻을 수 있는 절호의 기회를 제공해 주었다.

이러한 상태에서 나의 정신의학 연구가 시작되었다고 할 수 있다. 나는 자신의 외부에 서서 객관적으로 숙명을 관찰하려는 희망도, 그렇게 할 수 있는 능력도 갖추지 못하고 있었다. 어떤 위인이 되어야만 한다는 착각을 메우거나 『생애를 위한 변명』을 쓴 자서전에서 흔히 저지르기 쉬운 실수를 할지도 모른다. 결국 인간은 스스로를 판정할 수 없으며 좋든 싫든 간에 다른 사람의 판정에 맡길 수밖에 없다.

부르크횔츨리에서 수년간은 나의 수업 시기였다. 그 당시 나의 관심과 연구심을 강렬하게 쏟고 있던 주제는 '도대체 무엇이 정신 병자의 내면에서 실제로 일어나고 있는가'였다. 이 문제는 당시 내가 이해하지 못했던 문제이자 의문이었으며 동료 중에서도 누구 한 사람 관심을 보이는 사람이 없었다. 정신의학 교수들은 환자가 말해야 하는 사실에는 관심이 없었고 진단을 내리는 방법이나 증상에 대한 기술 방법, 통계의 집계에만 관심을 보였다. 당시 일반 임상학적 관점에서 본다면 환자의 인격이나 개성 따위는 전혀 안중에 두지 않았다.

특히 히스테리와 꿈의 심리학에 대한 기본 탐구를 위해서는 프로이트가 매우 중요했다. 그의 생각은 나에게 각각의 사례에 대한 철저한 연구와 이해에 대한 길을 제시했다. 프로이트는 심리학을 정신의학으로도 도입하였다.

정신의학에서 우리들을 찾아오는 대부분 환자는 말 못할 사연을 가지고 있으며 그 자신도 자각하지 못했다. 치료는 개인의 사연을 빈틈없이 조사하고 나서야 비로소 시작됐다. 그것은 환자의 비밀이며, 그들이 부딪힌 암초와도 같다. 만일 내가 환자의 비밀을 안다면 치료를 할 수 있는 열쇠를 쥔 셈이다. 의사의 일은 그런 지식을 얻는 방법을 찾는 데 있다. 대개 의심이 되는 재료를 찾는 일만으로는 부족하다. 때로는 연상 검사가 길을 열어 줄 때도 있다. 또는 꿈의 해석, 환자와 오래되고 끈기 있는 인간적 만남이 길을 열어 줄 때가 있다. 치료에서는 가상만이 문제가 아니라 전인격적인 것이 문제가 됐다. 따라서 전인격에 대해서 대답을 요구하는 그런 질문을 하지 않으면 안 된다.

● ★ ■

1905년 나는 취리히 대학의 정신과 강사가 되었고, 같은 해 대학병원 정신과 의료국장이 되었다. 그 후 4년 동안 그 자리를 지켰으나 1909년에는 일이 감당할 수 없을 정도로 많아져 사직해야만 했다. 개인 병원 개업에 온갖 힘을 들이느라 시간적 여유가 없었기 때문이었다. 그러나 강사 자리는 1913년까지 계속했다. 나는 정신병리학을 강의했으며, 프로이트 정신분석의 기본과 미개인의 심리학도 강의했다. 이러한 것들은 나의 주요한 과제였다. 처음 몇 학기 동안 주로 최면을 다루었으며 자네와 플루르노이도 다루었다. 후에는 프로이트 파의 정신분석 문제가 주요한 주제가 되었다.

최면에 대한 강의를 할 때도 나는 학생들에게 환자의 개인 사연을 묻게 했다. 처음에는 개인 병원에서도 최면법을 사용했다. 그러나 최면법은 암중모색에 불과해서 얼마 가지 않아 포기했다. 개선이나 치료가 얼마나 오래가는지 아무도 몰랐으며, 나는 그런 불확실성속에서 일하는 환경에 반발심을 느꼈다.

게다가 환자가 어떻게 해야 할지를 내가 독단적으로 결정하는 일을 좋아하지 않았다. 나는 환자의 자연스러운 성격이 어떤 방향으로 발전하는지, 환자 자신에게 들어서 배우는 데 더 관심이 있었다. 그것을 발견하기 위해서는 꿈이나 그 밖의 무의식적 현상을 주의 깊게 분석해 보는 일이 필요했다.

1904년에서 1905년에 나는 대학 병원의 정신과에 정신병리학 실험실을 개설했다. 따라서 그곳에서 많은 학생들을 맡게 되었으며, 그들과 함께 심적 반응(연상)을 연구했다. 프란츠 리클린은 나의 공동연구자였다. 루드비히 빈스방거는 당시 심리 전기 작용과 관련된 연상 실험에 관한 학위 논문을 집필 중이었다. 나는 「심리학적 사실 진단에 관하여」라는 제목의 논문을 썼다. 그 밖에도 우리 동료 가운데는 칼 피터슨, 찰스 릭셔 등을 포함한 많은 미국인이 있었다. 그들의 논문은 미국 학술지에 발표되었다. 그 후 1909년에 클라크 대학으로 나를 초대한 것은 이들 연상에 관한 연구였다. 나의 강의에 관한 연구를 하기로 되어 있었다. 동시에 따로 프로이트도 초빙되어 있었다. 명예 법학박사 학위가 우리 두 사람에게 주어졌다. 연상실험과 심리전기 실험은 미국에서 나의 평판을 확고히 해 주었던 것이다.

환자 치료와 더불어 일을 하면서, 파라노이아 ^{paranoia} 적 관념과 환각이 어떤 의미의 징조를 포함하는지 알게 됐다. 어떤 인격, 생활사, 희망, 욕망의 형태가 정신병자의 배후에 가로놓여 있는 것이다. 만일 그것을 이해하지 못했다면 우리들의 잘못일 수밖에 없다. 이때 비로소 나는 인격의 전체적인 심리학이 정신병자 속에 감추어져 있다는 사실과 여기서마저도 오랜 인격의 갈등과 마주치게 된다는 사실을 알게 됐다. 환자들은 게으르고 무기력할 뿐만 아니라 어떤 때는 바보처럼 보일지도 모르지만, 환자의 마음속에는 겉보기보다 더욱 많은 것이 존재하며 깊은 의미도 있었다.

그러나 실제에서 우리들은 정신병자에게 어떤 새로운 것이나 미지를 발견하지 못한다. 오히려 그것을 통해 자신의 성질의 기초와 마주치게 된다.

정신의학이 정신병자의 내용을 조사하는 데 그토록 긴 시간이 필요하다는 사실은 놀라웠다. 그 누구도 공상의 의미에 대해 관심이 없었으며 왜 이 환자가 이런 공상을 하며 또 다른 환자는 전혀 다른 공상을 하는지 물어볼 생각도 하지 않았다. 공상이란 이를테면 '피해망상'처럼 포괄적 이름 밑에 하나로 정지되어 있는 개념에 지나지 않았다. 당시 내 연구가 오늘날 거의 잊히고 있다는 사실은 이상했다. 이미 금세기 초에 정신 치료로 분열증 환자를 치료하고 있었다. 따라서 그 방법은 오늘날 발견된 것이 아니다. 그러나 심리학이 정신의학에 도입되기까지는 많은 시간이 걸렸다.

대학병원에서 근무하는 동안, 나는 분열증 환자를 다룰 때 주의에 주의를 거듭해야 했다. 그렇지 않다면 소홀하다는 비난을 피할 수 없었다. 불치병 중 하나로 분열증이 다루어지고 있었다. 누군가 분열증을 완치했다면 사실 그것은 진짜 분열증이 아닌 셈이 됐다.

외부에서 환자들을 관찰하면, 정신질환이 있는 사람들에게서 발견하는 건 그들의 비극적 붕괴이며, 타인을 들어오지 못하게 하는 내부의 갈등을 보는 일은 극히 적다.

나는 때때로 정신 치료와 분석 방법에 관해 질문을 받았으나, 확실히 답을 할 수 없었다. 치료는 저마다 사례에 따라 다르다. 어떤 의사가 자기는 엄격하게 이러이러한 방법으로 치료를 결정했다는 말을 하면 그의 치료 효과가 의심스럽다.

사람들이 문헌에서 환자의 저항에 대해서 너무 많이 전술하고 있어 마치 의사가 환자에게 어떤 사실을 강요하는 것과 같은 느낌을 받는다. 그러나 사실, 치료는 환자로부터 자연스럽게 진전되어야 한다. 정신 치료와 분석은 사람이 한 사람 한 사람이 있듯 저마다 다양하다. 나는 환자를 될 수 있는 한 개별적으로 다루는 편이다. 문제의 해결은 늘 개별적이기 때문이다. 보편적 규칙은 소극적 방법일 수밖에 없다. 심리학상 진리는 반대로 뒤집을 수 있는 경우에만 타당해진다. 내게 있어서는 효과가 없을 것 같은 해결이 다른 사람에게는 적당한 방법이 될 수도 있다.

물론 의사는 소위 '방법'에 관하여 막힘이 없이 알아야 한다. 하지만 규격화된 방식에 얽매이지 않도록 조심해야 한다. 이론적 가정을 할 때는 조심을 해야 하며 오늘날은 그 가정이 적합할지 모르지만, 내일은 또 다른 가정이 적합하게 될지도 모름을 알아야 한다. 나의 분석에서는 이론적 가정은 아무런 역할도 하지 못하고 있다. 나는 고의적으로 극히 세계적인 것은 피하고 있다. 환자를 치료하는 경우에서는 각 개인에 대한 개별적 이해만이 있을 뿐이다. 모든 환자들은 각각 다른 말을 필요로 한다. 어떤 분석에서 아들러 파의 대화를 들을 수 있으며, 또 한편에서 프로이트 파의 말을 들을 때도 있다.

가장 중요한 점은 내가 한 사람의 인간으로서 다른 인간, 즉 환자와 대응하고 있다는 점이다. 분석은 두 사람이 참여하는 대화다. 이를테면 분석가와 환자는 서로 대면한 상태로 있다. 즉, 의사는 무언가 하고 싶은 말이 있을 것이며, 이는 환자도 마찬가지다.

정신 치료에서 중요한 점은 방법의 적용이 아니기 때문에 정신의학을 연구하는 일만으로는 부족하다. 나는 정신 치료에 부족한 부분들을 채워 넣기까지 오랫동안 일했다. 일찍이 1909년에 나는 이미 잠재적 정신병자를 이해하기 위해서는 상징적 의의를 이해해야 함을 깨달았다. 내가 신화학을 연구하기 시작했던 시기도 바로 그때였다.

교양 있고 지적인 환자들을 대할 때도 정신과 의사는 전문 지식 이상의 지식이 필요하다. 모든 이론적인 가정은 하지 않아도 환자 질병을 불러일으키는 동기가 무엇인지 이해해야만 한다. 그렇지 못한 경우에 불필요한 저항을 불러일으키게 된다. 문제가 되는 점은 결국 어느 이론이 확증되는가가 아닌 환자가 자기 자신을 파악할 수 있는가이다. 그러나 이는 의사가 정보를 얻는 일에 관한 일반적 견해와 비교해 보는 일이 선행되어야 한다. 결국 이 점은 단순한 의학적 훈련만으로는 부족하다. 인간의 마음은 의사의 상담실이라는 제한된 범위 이상의 의미를 무한하게 포함하고 있다.

마음은 분명히 육체보다도 복잡하고 다가가기 어렵다. 마음은 우리들이 의식하고 있을 때만 성립하는 세계의 절반이다. 따라서 마음은 단순히 개인적인 것뿐만 아니라 세계적 문제이며, 정신과 의사는 전 세계를 다루어야만 한다.

과거에는 결코 있을 수 없었으나 오늘날에 들어서 우리 모두를 위협하는 위험은 자연이 아닌 인간과 개인, 집단의 마음에서 온다는 사실을 기억해야 한다. 인간의 정신이상은 위험하다. 우리의 마음이 조화롭게 활동할 수 있느냐에 따라 모든 것이 달려 있다. 오늘날에는 한 사람이 이성을 잃으면 핵폭탄이 발사되기도 한다.

그런데 정신 치료자는 환자를 이해하는 데서 그치지 않고 자기 스스로도 이해할 수 있어야 한다. 그러므로 분석가의 분석이 필수 조건이며, 이는 '교육 분석'이라고 불린다. 즉, 환자의 치료는 의사로부터 시작된다. 의사가 자신과 자신의 문제를 대응할 줄 알고 있을 경우에만 그가 환자에게 똑같이 행하도록 가르칠 수 있다. 교육 분석에서 의사는 자신의 마음을 알아야 하며 또한 그것을 진지하게 다루는 법을 배워야 한다. 만일 그렇게 하지 못한다면 환자 또한 배우려 들지 않을 것이다. 만일 의사가 이해하는 것을 배우지 않았다가 마음의 균형을 잃어버린다면, 환자 역시 마음의 균형을 잃고 말 것이다.

그러므로 교육 분석은 개념 체계를 아는 일만으로는 불충분하다. 의사는 피분석자로서 그것이 자신과 연관이 있는 문제이며, 교육 분석은 현실생활의 한 단면인 동시에 기계적으로 학습될 수 없다는 사실을 모른다면 안 될 것이다. 교육 분석에서 이 사실을 이해하지 못하는 학생은 장차 실패와 더불어 비싼 대가를 치르게 될 것이다.

물론 이른바 '간편 심리요법'으로 알려진 치료법도 있으나, 아무리 철저하게 분석을 해도 환자와 의사의 전인격이 작용하기 마련이다. 의사가 자기 자신을 던지지 않고서는 치료할 수 없는 사례도 무수히 많다. 의사가 자신을 드라마의 일부분으로 보고 있느냐 혹은 자신의 권위로 감싸느냐가 차이를 만든다. 일생을 살면서 커다란 위기가 닥치면, 즉 살아야 하느냐 말아야 하느냐가 문제가 될 때는 암시의 잔꾀 따위는 전혀 도움이 되지 않는다. 그때는 의사의 모든 존재가 도전을 받게 된다.

치료자는 늘 자신이 환자와의 대응에서 어떻게 반응하는지 경계해야 한다. 의식적으로만 반응이 나타나는 것은 아니기 때문이다. 이와 마찬가지로 우리들의 의식은 늘 이 사태를 어떻게 체험하고 있는가를 검토해야 한다. 꿈을 관찰하고 세심한 주의를 기울이면서 환자를 대하는 자세처럼 주의 깊게 자신을 연구해야 한다. 그렇지 않다면 모든 치료는 궤도를 벗어나고 만다.

의사로서 환자가 내게 어떤 종류의 메시지를 가져오는가를 늘 질문해야만 한다. 환자는 나에게 무엇을 의미하는가? 만일 환자가 아무런 의미도 없다고 한다면 공격 대상이 없는 셈이다. 의사는 자신이 질병의 고통을 받을 때만 효과가 있다. 즉 '병든 의사만이 치유할 수 있다'. 그러나 의사가 갑옷처럼 위엄을 몸에 두르고 있을 때는 어떤 효과도 얻지 못한다. 나는 환자를 진지하게 다룬다. 그들과 똑같이 수많은 문제에 직면하고 있다. 이따금 환자가 의사의 아픈 곳을 치료할 수 있는 약이 될 때도 있다. 의사에게도 어려운 상황이 발생할 수 있으며 오히려 특별히 의사에게만 일어날 수도 있다.

모든 치료자는 제3자에게 확인을 받아야 한다. 그럼으로써 다른 견해에도 열린 마음이 될 수 있다. 심지어 승려 또한 고백자를 가지고 있지 않은가. 나는 언제나 "아버지와 같은 고백자, 어머니와 같은 고백자를 가져라"라고 분석가들에게 말한다. 여성들은 특히 그러한 역할을 행하는 데 우수한 재능이 있다. 그녀들은 때로 뛰어난 직관과 예리한 통찰력이 있으며, 남자가 결정적인 때에 발휘하는 힘을 간파하고, 때로는 남성의 비밀스러운 음모를 꿰뚫어보는 경우도 있다. 그러므로 이것이 모든 여성들이 일찍이 '남편은 초인이다'라고 확신하지 않는 이유이기도 하다.

● ★ ■

만일 어떤 사람이 신경증에 걸려 있다면 그 사람은 분석을 받아야 한다. 그러나 만일 그가 자신을 정상이라고 보면 분석 받기를 강요해서는 안 된다.

나는 의사가 아닌 사람들이 정신 치료를 배워서 시행하는 데 반대하지 않는다. 그러나 잠재적인 정신병을 취급할 때는 그들이 위험한 실수를 저지를 가능성이 높다. 의사 이외의 사람이 분석자로서 일할 때는 전문적인 의사의 지도 밑에서 시행되어야 한다. 의사가 아닌 분석자는 사소한 데 의문이 발생해도 곧바로 자신의 지도자에게 상담해야 한다. 잠재적인 분열증을 파악하고 치료하는 일은 의사에게도 어렵다. 전문가가 아닌 사람은 더욱 그러할 것이다. 그러나 오랜 세월 동안 정신 치료를 해 온 데다 교육 분석을 받았던 사람에게는 날카로운 통찰력이 있어 어느 정도 가능할 수 있다. 정신 치료를 행하는 의사가 부족한 상황에서 장기간의 철저한 훈련과 소수의 사람밖에는 지니고 있지 않은 넓은 교양은 절실히 요구되고 있다.

● ★ ■

의사와 환자의 관계는, 특히 환자 편에서 전이라든가 의사와 환자 사이 무의식적 동일화가 일어날 때 초심리학적 현상을 야기할 때가 있다. 나는 이따금 이러한 상태에 빠져든 적이 있다. 그중 인상에 남는 사례는 심인성 우울증을 치료해 준 환자이다.

그는 집으로 돌아간 뒤 결혼을 했는데 나는 그의 아내가 달갑지 않았다. 그는 내게 감사하고 있었지만 내 영향력 때문에 그녀가 나를 미워한다는 사실을 알게 됐다. 남편에 대한 진정한 사랑이 없는 부인은 질투심이 많아서 남편의 인간관계를 망가뜨리는 일이 종종 있었다. 심지어 아내의 태도는 환자에게 부담이 됐고 그는 결혼 1년

만에 다시 우울증에 빠졌다. 나는 그 일을 예상했고 우울해지면 곧바로 내게 연락하라고 말했다. 하지만 그는 그렇게 하지 않았고 그에게서 소식이 들려오지 않았다.

당시 강연을 끝내고 호텔로 돌아왔다. 친구들과 식사를 끝내고 잠자리에 들었지만 잠이 잘 오지 않아 뒤척였다. 겨우 잠이 들었을 때 갑자기 놀라서 잠에 깼다. 내 이마와 뒷머리가 어떤 물체에 맞은 듯 묵직한 통증이 느껴져 눈을 떴음을 깨달았다.

다음 날 그 환자가 자살했다는 전보를 받았다. 총으로 자살한 그의 뒷머리에 탄환이 박혔음은 나중에 알게 됐다.

무의식에서 시간과 공간의 상대화함으로써 현실적으로 다른 곳에서 일어나고 있는 어떤 일을 지각할 수 있던 것이다. 집합적 무의식은 모든 사람에게 공통적인 것이다. 즉, 고대인이 '만물의 공감성'이라고 부르던 것의 기초이다. 이 사례에서는 나의 무의식이 환자의 상태를 알고 있었던 것이다.

●　★　■

나는 환자를 어떤 상태로 변화시키려고 했던 일은 결코 없었으며, 강요도 행한 적이 없다. 나에게 있어서 가장 중요했던 것은 환자가 사물에 대해 자신의 견해를 분명히 갖는 일이었다. 지금까지 사람들이 인생 모든 문제에서 부적절하거나 잘못된 대답을 하고 안심할 때 신경증적으로 되는 경우를 자주 보아 왔다. 그들은 지위, 결혼, 명성, 외적인 성공, 돈을 모을 때까지도 불행하거나 신경증적 상태를 잃는다. 그런 사람들은 대개 아주 좁은 정신적 범위 안에 갇혀 있다.

그들의 생활은 충분한 내용과 의미가 없다. 만일 그들이 한층 더 고매한 인격으로 발달할 수 있으면 일반적으로 신경증은 사라진다. 그 때문에 발전적인 사고방식이 가장 중요한 의미가 있다.

나의 환자 대부분은 신자가 아니라, 신앙을 잃어버린 사람들이다. 이를 테면 '길 잃은 양이' 찾아온 것이다. 오늘날에서도 신자는 교회에서 상징을 체험할 수 있는 기회가 된다. 미사나 세례, 또는 '그리스도를 본받아서'나 종교의 다른 많은 측면에 관한 체험을 생각해 보면 된다. 그러나 상징을 살아 있는 체험으로서 경험하는 일은 신자의 적극적 참여가 전제가 되어야 한다. 안타깝게도 이것은 오늘날 사람들에게는 빠져 있다. 그런 사례에는 무의식이 빠진 것을 대신할 상징을 가져다줄 수 있는가를 관찰해야만 한다. 그러나 그 경우에 상징적인 꿈이나 환상을 이해하고 스스로 책임질 수 있는가 하는 문제가 남는다.

만일 환자가 제시된 길을 원하지 않고 그 결과에 대해 책임지기를 바라지 않는다면 결단코 강요하지 않는다. 그러나 환자가 단순한 일상적인 저항에 저지당한다는 안이한 가정에는 동의하지 않는다. 저항은 완강할 때 주의해야 한다. 치유는 반드시 모든 사람이 손에 넣을 수 없는 독약일지도 모르며, 금기인 경우에는 치명적인 결과가 생기는 수술과 같은 것일지도 모른다.

문제는 가장 깊은 내부의 체험, 인격의 핵심에 도달하려고 할 때도 대부분 사람들은 공포에 압도당하고 도망쳐 버린다. 나는 신학자의 경우, 다른 사람들보다 훨씬 더 곤란한 위치에 있다는 것을 잘 알고 있다. 그들은 종교에 가깝지만 교회나 교리에 얽매여 있다. 내적 체험의 위험이라든가, 영혼의 모험은 많은 사람에게 친숙하지 않다. 그러한 체험이 심리적 현실을 가질 수 있다는 가능성은 그들에게는 금물이 되고 있다. '초자연적'이거나 또는 '역사적'으로 근거가 있다면 그것으로 족하다. 그러나 '정신적' 경우는 어떤가. 이러한 의문과 마주치게 되면 환자들 예기치도 않은 깊은 경멸을 드러낸다.

● ★ ■

현대의 정신 치료에서 의사나 정신 치료자는 환자나 환자의 감정과 더불어 '앞으로 나가야만' 한다는 요청을 받고 있다. 나는 그것이 항상 옳다고 생각하지 않는다. 때로는 의사 쪽에서 적극적 개입이 요구될 때도 있다.

수년 전, 나는 나의 치료 결과를 통계로 내 본 일이 있었다. 정확히 기억이 안 나지만 대략 평가했을 때 환자의 3분의 1은 완전 치료되었고, 3분의 1은 상당히 나아진 편이고, 나머지 3분의 1은 본질적으로 영향이 없었던 것 같다. 그러나 개선되지 않은 사례는 판정이 어려웠다. 왜냐하면 대부분 몇 년이 지나고 나서야 환자가 문제를 이해하고 치료가 효력을 발휘하는 경우도 있기 때문이다. 이전 환자들 중 많은 사람이 내게 다음과 같은 편지를 보냈다.

"선생님을 만난 지 10년이 넘어서야 진정한 문제가 무엇이었는지 알게 됐습니다."

내가 치료하던 중 도망친 환자의 사례는 별로 없다. 거의 없는 일이지만 환자를 내쫓을 때도 있었다. 그러다 그들 중에서도 긍정적인 내용을 보내 온 사람이 있었다. 결국 치료의 성공에 대해 판단을 내리는 일은 이처럼 어렵다.

의사는 치료 중에 그에게 커다란 영향을 미치게 되는 사람들과 만나게 되는 일은 당연하다. 좋든 싫든 세상의 흥미를 끈 적이 없는 사람들, 이전에 없는 발달이나 불행을 체험한 사람들과 마주칠 때가 있다. 그들은 특이한 재능이 있을 수도 있으며 다른 사람들을 교묘하게 충동질할지도 모른다.

이러한 재능들은 정신적 기질 속에 기묘하고도 옳지 못한 방법으로 감추어져 있을지도 모르며, 그것이 선천적 재능의 문제인지, 단편적인 발달상의 문제인지 확언할 수 없다. 이처럼 적합하지 않은 환경 속에서도 진귀한 꽃이 필 때도 있다. 정신 치료가 효과를 보기 위해서는 환자와 의사 사이의 긴밀한 공감이 필요하다. 그렇다고 해서 의사가 그를 위해 인간의 괴로운 정도를 외면할 수는 없다. 교감을 위해서는 끊임없는 비교와 상호 이해 그리고 두 정신적 현실의 변증법적 대결에 답이 있다. 이들 상호간의 생각이 서로 충돌하지 않는다면, 정신 치료의 과정은 효과가 없는 채 그대로이며 아무런 변화도 생기지 않을 것이다. 의사와 환자의 쌍방이 서로 문제되지 않으면 어떤 해결도 찾을 수 없다.

오늘날 소위 신경증 환자 중에서는 다른 시대였다면 신경증이 발병하지 않았을 사람들이 적지 않다. 그들이 신화에 의해 조상의 세계와 관계가 있다거나 진정으로 체험되고, 단순히 바깥에서 관찰하는 자연이 아닌 실제로 경험하는 자연과 관련이 있는 시대와 환경에서 산다면 분열을 겪지 않고 살 수 있었을 것이다. 여기서 나는 신화의 상실을 참지 못하는 사람들과 과학에 의해 관찰되는 외적 세계로 통하는 길을 발견하지 못하고, 학문과도 관계없는 말을 사용하던—지적인 기만에 대해서도 만족을 모르는—사람들에 대해 언급하고 있다.

이들은 현대에 마음의 분열로 희생된 자들로 스스로 선택한 신경증 환자이다. 그들의 피상적 증상은 자아와 무의식 사이의 틈을 메울 때 사라진다. 이런 분열 상태를 철저히 느끼는 의사는 무의식적 심정 과정의 이해를 더욱 깊이 할 수 있을 것이며 흔히 빠지기 쉬운 자만심이라는 위험에서 벗어날 수도 있을 것이다. 원형이 지니는 누미노즘 huminosum 을 스스로 체험에서 만나지 못한 의사도, 치료 중 그것과 만났을 때는 부정적 영향을 피하기 힘들 것이다. 그가 지적 개념을 갖고 있다 해도 경험으로 얻은 기준이 없기 때문에 크게 평가하거나 실제보다 작게 평가한다.

이것이 위험한 탈선의 시작이며 첫 번째 탈선은 지성을 지배하려는 시도이다. 이는 의사에게만 한정된 이야기가 아니다. 의사와 환자를 원형의 영향이나 현실적인 체험에서 안전한 거리에 갖다 놓고, 생활의 현실이 분명한 개념에 의해 잘 감추어진, 즉 인위적이나 이차원적 개념 세계와 심리적 현실을 바꾸어 놓는다는 목적을 달성하고 있다. 그 체험은 그 실체를 빼앗기는 대신 단순한 명성으로 대체되는 셈이다. 그 뒤부터는 진실의 자리에 이름만 놓인다. 어느 누구도 개념에 대해서 책임을 지지 않는다. 그것이 바로 개념성에 동의하기 쉬운 이유이다. 또한 체험하지 않아도 되도록 보호해 준다는 약속이다. 영은 개념 속에 있지 않고 행위나 사실 속에 깃들어 있다. 말만으로는 어떤 소용도 없다. 그럼에도 불구하고 이런 과정이 되풀이되고 있다.

내 경험으로는 습관적으로 거짓말하는 이들보다 더욱 어렵고 불쾌한 환자는, 소위 말하는 지식인이다. 그들에게 있어 한 손은 다른 손이 하는 일을 모르고 있는 손이다. 그들은 분리된 심리학의 발달에만 관심을 갖고 계발하려 한다. 감정이 통제할 수 없는 지성으로는 아무것도 해결이 되지 않는다. 그런데도 지식인은 그 상태로 일을 처리하므로 신경증으로 괴로워할 것이다.

● ★ ■

나는 피분석자들과의 만남, 그들과 나의 환자들이 끝없는 이미지의 흐름 가운데서 보여 주었던 정신현상과의 대면에서 아주 많은 것을 배웠다. 그것은 단순한 지식만이 아니라 무엇보다도 자신의 본성에 대한 통찰을 배웠다. 그리고 대부분을 실수나 실패에서 배웠다. 나는 주로 여성 환자를 많이 치료해 왔었다. 그들은 이상하리만큼 성실하고 이해력 있으면서 상당한 지적 능력으로 치료를 받기 시작했다.

내 환자의 대부분은 나의 제자가 되었으며, 나의 생각을 실천했다. 그들과 나는 몇십 년이란 세월 동안 친분을 맺고 있다.

환자들은 나를 인간적 현실에 너무나 가까이 접근시켜 주었기 때문에, 그들에게서 본질적 사실을 배우지 않을 수가 없었다. 심리적 수준이 다른 다양한 사람들과의 만남은 명사들과의 단편적인 대화와도 비교할 수 없을 정도로 중요했다. 나의 생애 가장 훌륭하고 의미 있는 대화는 환자들과의 대화였다.

● ★ ■

나는 정신과 의사가 되면서 정신적 발달을 향한 모험에 나서게 됐다. 무지하게도 정신병 환자를 임상학적으로 외부에서부터 관찰하기 시작했다. 그럼으로써 놀라운 성질의 심적 과정과 마주치게 되었다. 나는 그것을 병적으로 여기고 평가되는 내용을 어떤 이해도 없이 간단히 기록하고 분류했다.

시간이 지남에 따라 나 자신이 이해할 만한 것을 경험한 환자에 대해 점점 더 관심을 기울였다. 즉 편집증, 조울증 그리고 심인성 장애와 같은 환자였다.

정신과 의사로서 경험을 쌓은 초기부터 피에르 자네를 비롯해 브로이엘과 프로이트의 연구가 나에게 많은 암시와 자극을 주었다. 그 중에서도 프로이트의 꿈의 분석과 해석 방법에 관한 내용은 분열증적 표현이 새로운 빛을 주고 있음을 발견했다. 일찍이 1900년에 나는 프로이트의 『꿈의 해석』을 읽었다. 당시에는 잘 이해할 수 없어

중간에 포기하고 말았다. 25세라는 나이에서는 프로이트 이론의 진가를 알기에는 충분한 경험이 빠져 있었던 것이다. 그런 경험은 시간이 훨씬 지나서도 쉽게 생기지 않았다.

1903년에 다시 『꿈의 해석』을 읽었을 때, 내 생각과 얼마나 잘 연결되어 있는지를 찾았다. 주로 나의 흥미를 불러일으킨 것은 신경증의 심리학에서 유래하는 억압 기제라는 개념을 꿈에다 적용했다는 문제였다. 이미 나는 연상 실험에서 억압 문제와 자주 마주쳤기 때문에 이는 중요한 문제였다. 프로이트의 『꿈의 해석』을 읽고, 여기에 억압의 메커니즘이 작용하고 있다는 사실과 내가 관찰해 온 사실이 그의 이론에 부합되고 있음을 알았다. 이렇게 해서 나는 프로이트의 논리를 확인할 수 있었다.

그러나 논의가 억압의 내용에 도달하면 상황은 달라졌다. 이 점에서는 프로이트를 지지할 수가 없었다. 그는 억압의 원인을 성적 외상이라고 생각하고 있었으나 나는 경험을 통해 다른 요인 때문에 생긴 생활상의 괴로움, 체면 등의 문제가 나오는 걸 알고 있었다. 성욕의 문제가 부차적인 역할을 하는 수많은 사례를 나는 알고 있었다. 나중에 그런 사례를 프로이트에게 내보였지만 그는 성욕 이외의 요인이 원인이 될 수 있음을 인정하지 않았다. 이 행동은 내게 큰 불만이었다.

처음부터 프로이트를 나의 생애에서 적절한 위치에 두거나 그에 마땅한 대우를 하는 일은 쉽지 않았다. 그의 저작에 익숙해질 무렵 나는 학자로서 생애를 보내기 위해 계획을 세우고, 대학에서 승진을 의미하는 논문을 완성하기 위해 준비 중이었다. 게다가 학회에서는 프로이트에 대한 평가가 좋지 않았으며 그와 관계를 맺는 일은 학문을 하는 동료들 사이에서는 명예가 훼손 되는 일이었다. 유력 인사들은 프로이트에 대해 은밀하게 이야기를 했고 학술회의에서도 복도에서 말이 나올 뿐 전체회의에서는 등장하지 않았다.

● ★ ■

　내가 『조발성 치매증의 심리학』 중 논한 의견에 대해서는 많은 지지를 얻지 못했을 뿐더러 사실상 동료들은 나를 조소했다. 그러나 나는 이 책을 통해 프로이트를 알게 되었다. 그는 나를 초대했고, 1907년 2월에 우리들의 최초의 회합이 이루어졌다. 우리들은 오후 1시에 만나 장장 13시간이라는 긴 시간 동안 끝을 모르는 담화를 계속했다. 내가 만난 사람 중 프로이트는 진정으로 중요한 최초의 인물이었다. 당시 경험상 그 어떤 인물도 프로이트에 비할 바 없었다. 그는 지극히 머리가 좋고 예리한 통찰력이 있었으며 비범한 데가 있다. 하지만 그에 대한 나의 첫인상은 애매하고 알 수 없는 구석이 있었다.

　그 후 우리가 친밀해졌을 때 프로이트는 내가 자신의 후계자임을 자주 비추었다. 오히려 이런 암시가 내게 짐이 되었다. 나는 그의 견해와 의도를 옹호할 수 없음을 알고 있었다. 심지어 그를 납득시킬 만한 힘 있는 방법으로 내 비판을 밀고 나가는 데 성공하지 못하고 있었으며, 프로이트에 대한 존경심이 너무 컸기 때문에 생각을 이해받기를 강요할 수도 없었다. 나는 무리의 우두머리라는 무거운 짐을 실제로 내가 짊어져야 한다는 생각에 결코 매력을 느끼지 못하고 있었다. 첫째로 그러한 일은 나의 성격과 맞지 않았으며, 둘째로 나는 지적 독립성을 희생할 수 없었으며, 셋째는 그런 영광이 나의 진정한 목적을 왜곡시킬 뿐 전혀 고마운 일이 아니었기 때문이다. 나는 진리의 탐구에 관심이 있었지 개인적 명성에는 아무 관심도 없었다.

●　★　■

그때 나는 프로이트의 개인 심리가 그토록 강렬한 흥미를 불러일으키는지 알 수 있었다. 나는 그의 체계 해석에 대한 진리가 궁금했으며 그 의문을 해결하기 위해서는 많은 희생을 감수할 각오가 있었다. 그 해답이 눈앞에 드러났다. 프로이트가 신경증에 걸려 있는 것이었다. 쉽게 진단할 수 있으며 함께 간 미국 여행에서 알았던 바와 같이 고통스러운 증상이 있었다.

그때 그는 나에게 세상 사람은 누구나 신경증적이기 때문에 너그럽게 대해야 한다고 말했다. 하지만 나는 그것으로 끝내지 않고 더 많이 알고자 했다. 말하자면 신경증을 피할 수 있는 방법을 알고자 했다. 그러나 프로이트가 자신의 신경증을 치료하지 못하는 상황에서는 그나 그의 제자들이 정신분석 이론과 행동을 동일하게 여기고 그것들을 어떤 종류의 교리로 완성하려는 의향을 내게 말했을 때, 나는 더는 그에게 협력할 수 없으며 물러서는 길 외에 다른 선택의 여지가 없음을 알았다.

내가 리비도에 관한 책을 쓰면서 결말에 해당하는 「희생」장을 집필했을 때 그 책이 출판됨으로써 프로이트와의 우정이 희생되리라는 것을 예감하고 있었다. 그중에서 근친상간에 대한 나의 생각, 리비도 개념의 결정적 변화, 그 밖에 프로이트의 견해와 다른 여러 가지 생각을 기록할 계획을 세워 놓고 있었기 때문이다. 나에게 있어서 근친상간은 극히 소수의 사례에서만 개인적 말썽을 불러일으키는 것을 뜻했다. 대부분 근친상간은 고도의 종교적 측면이 있었다. 따라서 그것은 거의 모두 우주 진화론, 창조 신화에서 결정적 역할을 행하고 있던 것이다. 그러나 프로이트는 문자 그대로 해석에 집착하고 있었으며, 상징으로서 근친상간의 영적인 의의를 파악하지 못하고 있었다.

나는 이 문제에 대한 내 생각의 어느 부분도 프로이트가 받아들이지 않으리라는 것을 알고 있었다. 이 문제에 관해 아내와 의논하며 고민을 털어놓았지만 아내는 나를 안심시키려고 했다. 프로이트가 내 견해에 찬성하지 않아도 관대하게 봐 줄 거라 생각했다. 하지만 나는 그렇지 않을 것을 확신했다.

두 달 동안이나 갈등으로 인한 고민 때문에 글을 쓸 수 없었다. 나는 내 생각을 남에게 알림으로써 소중한 우정이 깨질 수도 있는 모험을 해야 하는 입장이어서 고민이 많았다. 결국 집필을 결심했고 실제로 내게 프로이트와의 우정의 상실을 불러왔다.

프로이트와 단교한 뒤 나의 친구나 친척들도 나를 떠나갔다. 나의 책은 쓰레기 취급을 받았다. 나는 고독해질 것을 예견하고 있었다.

프로이트의 가장 위대한 업적은 신경증 환자를 진지하게 다루고, 그들의 독특한 개인적 심리를 들여다본 데 있다. 그는 환자가 스스로 말할 수 있게 용기를 주었다. 덕분에 그는 환자의 참다운 심리를 꿰뚫어 볼 수 있었다. 그는 환자의 눈으로 보고자 했으며, 그 결과 과거보다 더욱 깊이 정신병의 이해에 도달할 수 있었다. 이 점에서 그는 고정관념을 깨는 용기가 있었으며, 많은 편견을 극복하는 데 성공했었다. 구약성서의 예언자처럼, 당시 마음의 부패를 폭로하면서 거짓 신을 타도하고, 수많은 부정과 기만의 베일을 벗길 의무를 떠맡고 있었다. 그는 자신의 연구가 명성을 얻지 못해도 신경 쓰지 않았다.

그가 우리 문화에 끼쳤던 충격은 무의식의 발견에서 시작되었다고 볼 수 있다. 꿈을 무의식 과정에 가장 중요한 정보원으로 받아들임으로써 회복할 수 없을 정도로 잃어버렸다고 생각되는 도구를 인류의 손에 되찾아 준 것이다. 특히 그는 원래 카를 구스타프 카루스나 에두아르트 폰 하르트만의 철학에서 철학적 가정으로서만 존재하고 있던 무의식적 마음의 존재를 경험적으로 보여 주었다.

프로이트와 관계를 끊은 뒤 오랫동안 마음이 불확실한 상태였다. 허공에 떠 있는 것처럼 발 디딜 곳을 찾지 못한 느낌이었다. 특히 환자를 새로운 태도로 대해야 할 필요성을 느꼈다. 나는 환자들에게 적용할 이론적 전제를 갖는 대신 그들이 자연스럽게 이야기하기를 기다렸고 그것을 관찰하기로 결심했다. 나는 우연에 맡기기로 했다. 그리하여 환자들이 자발적으로 꿈과 환상에 대해 이야기하면 질문만을 던지는 게 전부였다.

내가 공상에 대해서 연구하던 이 무렵, 나는 '이 세상'에서 지주가 될 수 있는 점을 필요로 하고 있었다. 나에게는 기묘한 내적 세계와 대치되는 것으로서, 현실 세계에서 평범한 생활을 하는 일은 중요했다.

나의 가족과 나의 직업은 언제나 내가 다시 돌아갈 수 있는 근거지였다. 그것들은 내가 실제로 존재하는 보통 사람임을 확신시켜 준다. 무의식에 대한 내용은 나의 정상에서 벗어나게 할 수도 있었다. 그러나 나의 가족과 내가 알고 있는 사실이 나에게 여러 가지를 요구해 오고 있는 현실이다. 그 사실은 내가 의사 면허가 있고 환자를 도와주어야 하며, 아내와 다섯 아이가 있다는 것 등이었다. 그것은 내가 실제로 존재한다는 것과 니체처럼 정신의 바람이 부는 대로 휩쓸리는 백지가 아님을 증명해 주었다. 나에게 이러한 비현실성은 공포 그 자체였다. 왜냐하면 결국 목표는 이 세상과 이 생활이 되기 때문이다. 아무리 노력해서 열중하고 감동을 받아도 결국 나의 경험은 이 현실의 생활을 원하고 있음을 알기 때문이다. 나는 내 생활의 의무와 적극적으로 부딪히고 그 의미를 채우려고 했다. 나의 표어는 '여기에 로두스가 있다. 자, 도약해 보아라'였다.

그리하여 나의 가족과 나의 직업은 언제나 즐거운 현실이 되고 있던 것이다. 또한 나 역시 보통 사람과 같은 생활방식으로 삶을 산다는 증명도 되었다.

매우 느린 속도지만 내적 변화가 나의 내부에서 일어나기 시작했다. 1916년에 나는 무언가 형태가 있는 것을 만들고 싶다는 강한 욕구를 느꼈다. 나의 내면은 필레몬에 의해 진술되었을지도 모르는 내용을 명확하게 표현하도록 강요하는 것 같았다. 이렇게 해서 『죽은 자를 향한 일곱 개의 담화』라는 특이한 표현으로 완성되었다.

이는 일종의 불안으로 인해 시작되었다. 나는 이 시작이 무엇을 뜻하는지 그들이 무엇을 바라는지 알 수 없었다.

1905년 이후 8년 동안 무의식 속 이미지에 마음을 빼앗겼고 내가 강의를 한 대학을 떠나기로 마음을 먹었다. 무의식에 대한 경험이나 실험이 지적 활동에 종지부를 찍은 것이다. 『리비도의 변환과 상징』을 완성한 뒤 3년 동안 학술 책을 읽지 못했다. 더는 이성적이고 지성적인 사람들의 무리에 낄 수 없으며 내 마음을 크게 움직인 사실도 말할 수 없을 거라 여겼다. 무의식으로부터 드러난 내용들은 나를 충격에 빠트렸고 말문을 막아 버렸다. 나는 그것을 이해하지도 표현하지도 못했다.

대학에서도 불안한 상태였다. 강의를 지속하려면 지금과 다른 새로운 방향을 설정해야 했다. 나 자신의 지적 상태가 의문 덩어리 외에는 아무 것도 아니었으며 이런 상태로 학생들을 가르치는 일은 이치에 맞지 않았다.

그리하여 나는 아카데미 경력을 계속 이어서 평탄한 길을 걸을 것인지, 나의 내적 인격의 법칙, 즉 보다 높은 이성을 따라 무의식과의 대결이라는 기묘한 작업에 몰두하거나 하는 두 가지 선택지 중 하나를 택해야 했다.

나는 신중하게 고민한 끝에 아카데미 경력을 포기하기로 결심했다. 무의식과의 대결이라는 작업이 끝나기 전까지는 공적인 장소에 나설 수 없었다. 나의 안에서 무언가 위대한 것이 일어나고 있음을 느끼고, 영원한 이미지 밑에서 내가 중요하다고 느끼는 신념을 믿기 때문이었다. 나는 그것으로 인해 내 인생이 충족될 거라는 예감을 했으며 목적을 위해서는 어떤 위험도 무릅쓸 각오가 되어 있었다.

내가 교수가 되던 안 되던 그것은 문제되지 않았다. 강의를 그만두는 일은 쉽지 않았다. 어쩌지 못하는 숙명에 대한 분노도 느껴졌다. 나는 누구나 개의치 않아 하는 일들을 그냥 지나치지 못하는 면에 대해 여러 모로 후회했다. 그러나 결국 이런 때는 지나가기 마련이며 다른 것이 중요한 법이다.

이런 환상이 없었다면 나는 방향을 잃고 헤매다 작업을 포기해야 했을지도 모른다. 프로이트와 헤어질 때 나는 무지한 상태로 떨어질 것을 알았다. 그 무렵 내가 아는 지식 중 프로이트 이상으로 아는 것은 없었다. 나는 어둠속으로 발걸음을 떼었다.

내가 경험하고 기록한 사실을 과학적 연구라고 하는 그릇 속에서 추출하기까지 45년이라는 긴 세월이 걸린 셈이었다. 젊은 시절 나의 목표는 학문에서 과학적인 어떤 일을 이뤄내는 것이었다. 그러나 용암의 흐름과 조우함으로써 마침내 그 용암의 열기가 내 인생을 완전히 바꾼 것이다.

이것은 내가 연구할 수 있도록 강조한 근본적 재료였다. 그리고 나는 더할 나위 없는 정열로 연구 자료를 이 세계에 구성하는 데 접목시킬 수 있도록 노력해야 했다. 그것은 어느 정도 성공했다고 볼 수 있는 시도였다. 최초로 가진 환상과 꿈은 용암에 녹아 흐르는 현무암이었고 그것이 단단해져 돌이 되었을 때 나는 그 돌을 매만질 수 있었다.

내가 내적 이미지를 추구하던 무렵이 인생에서 가장 중요한 시기였다. 즉 그 당시 모든 본질이 결정되었으며 거기서부터 모든 것이 시작됐다. 그 후의 세부적인 것은 무의식에서 나타나 나를 압도한 소재의 보완이자 설명이었다. 그것은 평생의 작업을 위한 원재료였다.

06 연금술과의 만남

인생의 후반기에 이르면서 나는 무의식과 대립되는 연구를 시도했다. 이에 대한 연구는 오랜 시간이 필요해서 20년이 지나서야 내 공상에 대한 이해가 어느 정도 가능했다.

나는 내적 체험에 대해 역사에서 예시와 사실을 발견해야만 했다. 즉 나는 '나의 가설이 역사적으로 볼 때 이미 어디에 일어나는 것인가'라는 것을 스스로에게 질문해야 했다. 만일 그러한 사실을 찾지 못한다면 내 생각을 구체화해서 만들 수도 없을 것이다. 따라서 연금술과의 만남은 내게 결정적 사실이었다. 왜냐하면 그때까지 내게 부족했던 역사적 기초를 마련해 주었기 때문이다.

분석심리학은 기본적으로는 자연과학에 속한다. 그러나 다른 어떤 과학보다도 관찰자의 선입관에 영향을 받기 쉽다. 따라서 분석심리학자는 판단에서 가장 미숙한 실패를 미연에 방지하기 위해 가급적 역사적 및 문학적으로 비교할 수 있는 문헌의 유례에 많이 의지해야 한다.

1918년부터 1926년까지 나는 그노시스의 제자들의 저술을 진지하게 연구했다. 왜냐하면 그들도 무의식이라는 근원적 세계와 맞서고 있었으며 그 내용이나 심상을 다루고 있었기 때문이다.

근대심리학은 프로이트가 창시했으나 그는 여기에 따라서 성에 대한 고전적 주제와 다른 그노시스의 주제와 무서운 부성의 권위를 도입했다. 그노시스의 야훼라든가, 창조주라는 주제는 프로이트 파의 신화에서 근원적인 부성과 그곳으로부터 이끌어 올 수 있는 음울한 초자아를 재현하고 있다.

1928년, 리하르트 빌헬름이 보내 준 『황금의 꽃』이라는 책을 읽으면서 연금술의 성질에 관해 어렴풋이 알게 됐다. 『황금의 꽃』은 중국 연금술의 실례이다. 나는 연금술에 대해 조금 더 알고 싶은 욕망이 생겼다. 뮌헨에 있는 서적 상인에게 부탁해 연금술에 관한 책을 알려 달라고 했다. 이윽고 라틴어로 쓰인 『연금술총서』라는 책을 얻었다. 그러나 그 책을 2년 동안 내버려 두었는데 도무지 거기에 그려진 그림들을 이해하지 못할 거라 생각했다.

나는 연금술적 사고 과정의 미궁에서 자신의 길을 찾는 데 오랜 시간이 걸렸다. 안내의 실을 줄 수 있는 아리아드네가 없었기 때문이었다. 나는 전해지지 않은 언어의 의미를 밝히려는 듯 문헌학적 방법으로 작업했다. 연금술을 표현하는 방식들이 어떤 의미가 있는지 알았다.

나는 곧 분석심리학이 아주 새롭게 연금술에 부합함을 깨달았다. 연금술사의 경험은 나의 경험이었으며, 그들의 세계는 나의 세계이기도 하다. 비로소 나는 역사적 전망 속에서 심적 내용을 바라볼 때 무엇을 뜻하는가를 이해할 수 있었다.

원형의 성질이 나의 연구의 중심을 차지하고 역사 없이는 심리학이 없다는 사실과 특히 무의식적인 심리학은 존재할 수 없다는 사실이 분명하게 되었다.

● ★ ▨

나의 진정한 학술적인 연구는 1903년의 연상 실험으로부터 시작됐다. 나는 그것을 자연과학 분야에서 기획이라는 의미에서 첫 번째 과학적 연구로 간주하고 있다. 『언어 연상의 연구』에 이어 나는 그 기원에 대해서 두 개의 논문 「정신분열증의 심리학」과 「정신병의 내용」을 발표했다. 1912년에는 나의 『리비도의 변환과 상징』이 출간되었고, 이어서 프로이트와의 우정은 종말을 고하고 말았던 것이다. 그때부터 혼자서 나의 길을 가야만 했다.

나는 나 자신의 무의식의 심상에 대한 강력한 관심을 출발점으로 했다. 이 기간은 1913년부터 1917년까지 계속되었으며 그때부터 환상의 흐름은 쇠퇴해 갔다. 내가 그 경험 전체를 객관적으로 관찰할 수 있게 되었으며, 그것에 대해 반성하기 시작한 때는 환상의 흐름이 물러가고 마법의 산 속에 갇히는 일이 없어진 후부터였다. 내가 최초에 자문했던 것은 '우리들은 무의식을 상대로 무엇을 하고 있는 것인가'라는 것이었다. 거기에 대한 나의 답이 『자아와 무의식과의 관계』라는 책이었다. 그 속에서 전형적인 무의식에 대한 내용을 몇 가지 기술했다. 그리고 그것들에 대해 의식이 어떤 태도를 갖추는지가 매우 중요함을 지적했다.

동시에 나는 1912년에 처음 출간된 『심리학적 유형』의 준비로 바빴다. 이 책이 나온 데는 다음과 같은 질문이 중요한 영향을 발휘했다. "내가 프로이트나 아들러와 다른 점은 무엇인가? 우리의 견해들은 무엇이 다른가?" 나는 그 질문에 심사숙고했으며 여러 문제를 맞닥뜨렸다.

그 저서는 의식의 여러 가지 면과 의식이 외부 세계에 취해야 할 여러 가지 태도를 다루고 있으며, 임상적 측면이라고도 할 수 있는 관점에서 본 의식의 심리학을 구성하고 있다. 이 책은 개인에 따라 이루어지는 모든 판단이 그 사람의 인격 유형에 좌우되며 어떤 관점도 절대적이지 않고 상대적이라는 통찰력이 생기게 했다. 또한 그것의 다양성을 보충하는 단일성의 문제를 제기했으며 중국의 '도' 개념으로 나를 직접 이끌어 갔다.

내가 『리비도의 변환과 상징』 이후 계속 관심을 가진 주제는 리비도의 이론이었다. 나는 리비도를 물리적 에너지의 정신적 유사물로서 생각했다. 그리하여 거의 양적 개념으로 여겼고 자연히 질적인 면으로 정의될 수 없다고 생각했다. 무엇보다 그 당시 우위를 차지한 리비도 학설의 구체주의에서 벗어나는 일이 중요했다. 더는 허기, 공격, 성적 본능으로 결론을 내리고 싶지 않았으며 정신적 에너지의 다양성으로 여겼다.

나의 연구가 세계관의 문제에 관여하고 심리학과 종교와 관련을 갖기 시작한 것은 나의 연구의 본질적인 점을 보여 준다. 나는 1938년의 『심리학과 종교』에서 그 문제를 다루고 1942년의 『파라케르수스』를 통해서 이 문제를 자세하게 다루었다. 이 저서 중에서 두 번째 논문 「정신 현상으로서의 파라케르수스」는 매우 중요하다. 그 질문들이 낡고 특이한 문체지만 독창적인 생각을 풍부하게 지니고 있다.

'파라케르수스' 덕분으로 나는 드디어 종교와 심리학의 관계에서 연금술의 본질을 논할 수 있게 됐다. 이에 대한 내용은 1944년에 『심리학과 연금술』 가운데서 논했다. 이렇게 해서 나는 1913년부터 1917년까지의 경험을 뒷받침하는 기초에 도달할 수 있었다. 왜냐하면 그 기간 동안 내가 경과했던 과정과 『파라케르수스』의 책 속에 씌어 있는 연금술의 변모 과정이 서로 부합했기 때문이다.

나는 그리스도 문제를 다시 『아이온』에서 거론했다. 그 책에서는 여러 가지 역사적 비교보다는 그리스도 형상을 심리학과 마주하도록 했다. 나는 그리스도의 모든 외적 요소를 외부적인 것에서 벗어난 모습으로 여기지 않았다. 오히려 수세기 동안 제시한 종교적 내용이 발달했는지 분명히 하고자 했다. 그리고 어떻게 그리스도가 점성적으로 예언이 가능했음이 틀림없다는 사실과 그 시대 정신 관련된 것뿐만 아니라 2천 년에 걸친 기독교 문화의 흐름과의 관련에서도 어떻게 이해할 수 있는가를 제시하는 일은 매우 중요하다. 이것이 바로 내가 묘사하려던 바이며 덧붙여서 몇 세기에 걸치는 기간 동안 그의 주변에서 축적되어 왔던 흥미진진한 방주_{傍註}의 모든 것을 진술한 셈이었다.

● ★ ■

나의 심리학의 목적은 나의 심리학이 얼마나 연금술에 대응하는지, 반대의 경우는 어떤지 충분히 제시하는 것이다. 종교적 문제들과 더불어 정신 치료의 특수한 문제가 어떻게 다루어지는지 발견하고자 했다. 의학적 정신 치료의 주요한 점은 '전이'의 문제다. 이 점에 관해서 프로이트와 나는 의견의 일치를 보았다.

나는 연금술에서도 전이에 대응하는 무언가가 있음을 입증할 수 있었다. 즉 결합conjuntion의 개념이며, 지르벨러 또한 그 중요성에 주목하고 있었다. 이런 대응은『심리학과 연금술』에서 저술한 바 있었다. 2년 후인 1946년, 이 문제에서 더 나아가『전이의 심리학』에서 심화시켰으며, 마침내 나의 연구는『결합의 신비』에 이르렀다.

개인적이든 학문적이든 집중했던 다른 문제들처럼 전이의 문제도 꿈이 수반되거나 꿈의 예시가 있었다. 당시는 내 과제의 본질적인 면을 몰랐고 꿈도 만족할 만큼 해석해 내지 못했다. 다만 직감적으로 느낄 뿐이었으며『욥에의 답변』을 쓰기까지 크나큰 내적 저항을 견뎌야 했다. 이 책의 내적 근거는『아이온』가운데서 발견됐다. 거기에서 나는 기독교의 심리학을 다루었다.

그리고 욥이야말로 그리스도의 일종의 계시였다. 그리스도는 신의 고뇌하는 종이며 욥도 마찬가지로 서로 고뇌의 이념으로 연결되어 있었다. 그리스도는 세계의 죄가 고뇌의 원인이며 기독교인의 고통은 거기에 대한 보편적 대답이었다. 이는 필연적으로 '도대체 이 죄의 책임은 누가 질 것인가?'라는 의문을 제기한다.

결국 세계와 죄를 창조한 건 신이므로 인류의 운명을 번뇌하기 위하여 스스로 그리스도로 육화한 것이었다. 『아이온』에는 하느님의 긍정적이고 부정적인 면에 관한 주제가 복잡하게 있다. 하느님의 양면적 이미지는 「욥기」에서도 드러난다. 욥은 신이—이를테면 신에게 거역했을 때—그의 편이 되어 주기를 기대한다. 바로 이 점에서 신의 모순되는 비극적 상이 존재한다. 이것이 『욥에의 답변』의 주요한 주제인 셈이다.

이 책을 쓰는 데는 외적 압력도 존재했다. 일반 대중과 환자들이 질문한 많은 내용이 근대인의 종교적 문제에 대해 더욱 분명하게 제시해야겠다는 생각을 하게 했다. 그러나 폭풍우 같은 물의를 일으킬 것을 알기 때문에 몇 년을 망설였다.

그러나 마침내 그 문제는 위급하고 어려움에서 나를 사로잡고, 대답을 해야 하는 처지에 몰리게 됐다. 그 문제 자체가 나 자신에게 주어진 형태로, 즉 감정에 의해 바뀐 체험으로써 거기에 대답한 것이다. 의도적으로 이런 형태를 선택한 것은 내가 열심히 무언가 영원한 진실을 선언하려는 인상을 전달함을 뜻하기 위해서였다.

나의 『욥에의 답변』은 한 사람의 발언 이상일 수는 없으며, 그것은 동시대의 사람들에게 무엇인가 생각을 불러일으킬 것을 바라고, 기대하는 것이었다. 형이상학적인 진실을 발표하려는 생각은 조금도 없었다. 그러나 신학자들은 바로 이것을 나에게 넘기려고 했다. 왜냐하면 신학적인 사상가는 영원한 진실을 취급하는 데 지나치게 익숙해져 있어 다른 종류의 것은 모른다. 물리학자가 원자의 구조에 대해 주장할 때, 혹은 원자의 모델을 나타내어 보일 때, 물리학자 역시 무엇인가 영원한 진리 등을 제시하려는 것은 아니다. 그러나 신학자들은 자연과학, 특히 심리학의 생각을 이해하지 못하고 있다. 분석심리학의 소재, 그 주요한 사실은 진술로 이루어지고 있다.

나의 『아이온』에서 나는 따로 분리해서 다루어야만 하는 일단의 문제 해명에 나섰다. 그리스도의 출현이 새로운 시대, 즉 '물고기' 시대의 시작과 어떻게 맞아떨어지는가를 설명하려고 시도했다. 그리스도의 생애와 객관적인 천문학 사상, 즉 충분히 어좌의 기호 속으로 들어간다는 사실의 사이에 동시성이 존재하고 있다. 따라서 그리스도는 물고기이며 새로운 시대의 지배자로서 출현했던 것이다. 이것은 동시성의 문제를 내놓고 있으며 나는 그것에 대해서는 「동시성, 비인과적 연관의 원리」라는 논문 가운데서 논한 바 있다.

『아이온』에서 그리스도 문제는 개인 체험 속에 안트로포스의 현상이 어떻게 나타나는가 하는 문제와 이어져 나갔다. 이것에 대해서 나는 『의식의 근원에 대하여』라고 하는 저서 중 해답을 내놓으려고 시도했다. 여기에서 나는 의식과 무의식의 상호작용, 무의식에서 의식의 발달, 위대한 인격, 즉 내부 세계 사람이 각 개인의 생활방식에 미치는 강한 영향에 대해서 논했다.

이 연구는 『결합의 신비』에 의해서 완성됐다. 거기서 또 한 번 전이의 문제를 기술했다. 그러나 처음에는 의도에 따라 연금술의 전 영역을 일종의 연금술의 심리학, 혹은 심층심리학의 연금술적인 기초로서 제시하려고 했다. 『결합의 신비』에서 나의 심리학은 현실 속에서도 그 영역을 갖추게 했으며 역사적 토대를 확립했다.

그에 따라 나의 임무는 끝이 난 셈이며 연구는 완성된 것이다. 비로소 이 연구는 독립할 수 있게 되었다. 심리학이 밑바닥까지 건드리는 순간 나는 학문적으로 이해할 수 없는 한계에 다다른 것이다. 그것은 초월적이며 원형 그 자체의 성질이며, 그것에 대해서는 그 이상의 학문적 기술을 할 수 없게 됐다.

나의 저작들은 생애의 정류장으로 여겨질 만하다. 그것들은 나의 내적 발달의 표현이기도 하다. 무의식에 관한 내용을 연구하는 일은 사람을 만들고 변화를 생성하기 때문이다. 나의 모든 저작은 내적 세계가 준 임무로 생각될지도 모른다. 즉, 숙명적 강요에서 생겨난 것이다. 내가 행한 것은 내 정신의 작업이다. 나는 내가 말하도록 했던 정신을 허용했다. 나의 저작에 대한 강한 반응이나 뜨거운 공명을 기대하지는 않았다. 그 글들은 우리들 시대에 대한 보상을 대변하고 있으며, 누구도 듣고 싶지 않은 내용을 부득이 말해야 했다. 그런 이유로 초기에는 지독한 고독을 자주 느꼈다. 환영받을 수 없음을 너무나 잘 알고 있었다. 사람들이 싫어할 것을 알고 있었다. 의식 세계에 대한 보상을 받아들이는 일은 어렵기 때문이다.

오늘날 주어진 성공은 무척이나 놀랍고 기대를 초월한 것이다. 그러나 가장 중요한 것은 내가 말해야만 한다고 느낀 것을 말했다는 사실이다. 가능한 모든 것을 다 했다고 생각하고 있다. 평생을 두고 하는 연구는 의심할 바 없이 더 크고, 더 훌륭한 것이 되어야 했을지도 모른다. 그러나 이 이상의 일은 내 능력의 한계를 벗어난다고 생각한다.

07 사상

내 스스로를 전기로써 밝히는 일에 이 장의 설명은 반드시 필요하다. 이것이 이론적인 내용으로 보일 수도 있지만 이 이론은 내 삶을 존재하게 하는 것이며 삶의 태도를 보여 준다. 음식을 먹고 마시는 일처럼 없어서는 안 될 일이다.

●　★　■

기독교에서 명확한 사실은 교리의 조직에 있어 신성의 변화 과정이 예기되고 있다는 점이다. 피안에 있어 역사적 변천 과정이 예견되고 있다. 이는 천국에서 불화라는 새로운 신화의 형태로 이루어지며, 창세 신화에서는 창조주의 적대자로 뱀이 나타난다. 이는 인간에 대한 의식적 지식이 늘어난다는 약속을 전제로 신에 대한 불복종을 유도한다. 선한 지혜는 악한 지혜이기도 하다.

두 번째 시사는 천사의 몰락이다. 즉 무의식의 내용에 따라 인간 세계로의 미숙한 침입을 뜻한다. 천사는 이상한 존재이다. 즉, 천사는 그들 자체로 존재하며 그 이외의 아무것도 아니다. 즉 영혼이 없는 존재이며 주인의 생각과 직관 외의 것을 나타내지 않는다.

이러한 신화의 제3의 결정적인 단계는 구약성서의 신성한 결혼과, 그 결실이라는 관념을 따르기 위해 신이 인간의 모습을 함으로써 실현했다는 점이다. 이미 기독교 초기에 신이 인간의 육체를 취한다는 관념은 '우리 속의 그리스도'라는 관념으로 확장됐다.

●　★　■

오늘날 우리들은 심리학이 우리들의 존재 그 자체와 관련을 두고 심리학을 필요로 한다. 나치즘과 볼셰비즘 앞에서 당혹감을 느낀 채, 어쩔 줄을 모르고 멍하게 서 있을 뿐이다. 우리가 인간에 대해 알고 있는 것은 뒤틀린 반쪽짜리 관념뿐이다. 만일 우리들이 자아에 대한 지식이 있다면 그렇게 되지 않을 것이다.

악에 관해 두려워하지만 해답은 고사하고 그 사실조차 인지하지 못한다. 설사 인지하여도 이해하지 못한다. 타고난 순수함으로 정치가는 '악에 대한 상상'조차 할 수 없었노라고 자랑스럽게 선언한다. 이와 마찬가지로 우리들은 악에 대해서는 상상조차 하지 못한다. 그러나 이미 악은 우리들을 손아귀에 넣고 있다. 오늘날 악은 육안으로 확인할 수 있는 거대한 힘이 되고 있다. 인류의 반은 인간의 추종으로 날조된 교리를 게걸스럽게 먹고 강하게 성장하고 있으며, 또 다른 반은 현대의 상황에 어울리는 신화의 결여로 병을 앓고 있다.

우리들의 신화는 침묵할 뿐 대답은 없다. 성서에도 기록되어 있듯이 죄는 신화 안에 있지 않고 전적으로 우리에게 있다. 신화의 근원적 이야기는 그곳으로부터의 출발과 발전 가능성에 넘친 많은 문제점을 제공한다.

일찍이 그노시스파가 제기한 '악은 어디서 오는가'에 대한 문제에 기독교 세계는 해답을 주지 못했다. 하지만 오늘날 우리들은 이 문제와 직면하지 않을 수 없다. 그런데도 우리들은 빈손으로 멍하게 바라보며, 그토록 필요로 하는 신화 또한 도움이 되지 못한다는 사실을 이해하지 못하고 있다. 정치적 상황이나 악마적이라고는 할 수 없어도 무서운 과학의 발전에 은밀한 공포와 숨 막힐 듯한 예감을 느낀다. 하지만 그곳에서 빠져나올 길을 알지 못하고 있다. 그리고 극소수의 사람만이 오랫동안 망각하던 문제가 인간의 영혼이라고 결론을 내릴 뿐이다.

우리들의 신화는 결국 일신교를 진지하게 거론하고 이원론을 버려야 한다. 그러나 여전히 이원론은 공식적으로 드러나고 있으며 현재까지도 존재한다. 전능한 선자와 함께 영원한 어둠의 적대자에게도 왕위를 주었다. 신화는 니콜라스 쿠자누스의 철학적인 대립물의 결합체와, 야곱 뵈메의 도덕적 양가성을 받아들여야 한다. 이렇게 함으로써 비로소 유일신은 대립물의 통합과 전체성을 인정받게 된다. 상징은 그 자신의 성질에 따라 대립하는 바를 통일할 수 있기 때문에 이미 분할과 충돌은 있지 않으며 의미심장한 형태를 생명에 주게 된다. 이 사실을 체험하고 나면 창조신과 자연신의 이미지 가운데 있는 양가성에 어려움을 겪지 않을 것이다. 오히려 그는 신이 인간으로서 나타나는 신화를 인간의 대립자에 대한 창조적인 대결로서 이해할 수 있으며 이것을 자아, 즉 자신의 인격 전체성 가운데 통합하는 것으로 이해할 수 있다.

창조신의 이미지 속에 있는, 필연적 내적 모순은 자아의 통합성과 전체성 속에서 연금술사가 말하는 대립물의 결합, 혹은 신비적인 통합으로서 조화시킬 수 있다. 자기를 체험하는 가운데 조화시킨 대상은 지금과 마찬가지로 '신'과 '인간'의 대립이 아니라 신의 이미지 그 자체 안에 포함된다. 이것은 신성한 예배, 즉 빛이 어둠에서 생기고 창조주는 창조를 의식하는 반면 인간은 자기 자신을 의식화하는 것이 된다.

이것이 인간의 목표, 또는 신의 목표이다. 창조의 도식 안에서 인간에게 의미를 부여하고 그 안에 편입시키는 일이 된다. 이것이 오랜 세월 동안 내 안에서 서서히 생기며 해석된 신화이다. 이것은 내가 인식하고 존중할 수 있으며 동시에 나를 만족시키는 점이다. 인간에게 성찰하는 정신이 있기 때문에 동물의 세계에 섞이지 않을 수 있다.

인간이 중요한 '개체'로서 감정을 강화하기 위해서는, 그가 지킬 것을 서약한 비밀을 갖는 일이 가장 좋은 방법이다. 이미 사회적 집단이 형성된 초기에 비밀을 지킬 필요성이 나타나는 법이다. 충분히 가치 있는 비밀이 없는 경우는 비밀이 날조되거나 꾸며지기도 한다. 그리고 비밀은 특권을 지닌 사람들에 따라 알 수 있고 이해된다. 장미 십자회원이나 그 밖의 단체도 마찬가지다. 이러한 거짓된 비밀 속에 아이러니하게도 그 비밀을 잘 아는 사람도 전혀 모르는 진짜 비밀이 있다. 예를 들면 그러한 '비밀'을 연금술의 전통으로부터 빌려오고 있는 집단이 그렇다.

자신의 악마에 조종되는 사람은 중간 단계의 한계를 넘어 '사람이 찾아들어 간 일이 없는 세계'로 빠져든다. 그곳은 지도에서 확인할 길도 없고 머리 위를 보호해 주는 지붕이 있는 보금자리도 없다. 그의 예상을 벗어나는 상태, 예를 들어 의무를 행할 때 겪는 갈등을 헤쳐나갈 안내자 역할의 교훈도 없다. 이처럼 '무인의 세계'의 여론은 일반적으로 갈등이 생기지 않는 한 계속 이어진다. 그러다 갈등의 그림자가 희미해지면 여론은 끝이 나고 만다. 이때 곧바로 발걸음을 옮겨 떠나는 사람을 나무랄 수는 없다. 그리고 그가 나의 나약함 혹은 비겁함 속에서 가치를 발견하려는 일도 인정할 수 없다. 나의 경멸이 더는 그를 상처 입힐 수 없음을 알기 때문에 그의 굴복은 칭찬의 가치도 없다.

사랑에는 최대의 것과 최소의 것, 가장 먼 것과 가장 가까운 것, 그리고 가장 높은 것과 가장 낮은 것이 공존하므로, 한쪽 면만 말하고 다른 면은 빠뜨리는 일은 할 수 없다. 이러한 역설에 어울리는 말은 존재하지 않는다. 무엇이라 말하든 이것의 전체를 표현할 수 있는 말은 없다. 그 일부를 표현한다는 것은 늘 지나치게 많아지거나 지나치게 적어지기 일쑤이며 전체만이 오직 의미심장하다고 할 수 있다. '사랑은 모든 것을 참으며…… 모든 것을 견디느니라'(고린도 전서 13:7) 이러한 말씀들은 해야 할 말을 다하며 거기에다 덧붙일 수 있는 말은 없다. 즉, 우리들은 가장 깊은 뜻에서 '사랑'의 희생이며, 도구인 까닭이다. 여기에서 특히 '사랑'을 강조하는 이유는 사랑이라는 말이 욕정, 두터운 정, 희망 따위의 뜻으로 쓰이지 않고 무언가 개인을 초월하고 통일된, 분할할 수 없는 스스로 전체로서 표현하고 싶기 때문이다. 스스로가 일부가 됨으로써 인간은 전체를 확인할 수 없다. 사람은 그것에 지배당할 뿐이다. 사람은 그것에 동의하기도 하고 반발하기도 한다. 그러나 사람은 늘 그것에 붙잡혀 있으며, 그 속에 속해지고 만다. 사람은 사랑에 의존하고 뒷받침되고 있다.

사랑은 인간의 빛이며 어둠이고, 그것이 언제 끝날지 알지 못한다. —'사랑은 언제까지든지 떨어지지 아니하나……'(고린도 전서 13:8) 사람이 '천사들의 말'로 말을 하더라도, 세포의 생명은 그 궁극적 근원까지 뒤따라간다. 인간은 자기 마음대로 사랑에 대해 모든 명칭을 만들어 그것에다 이름을 붙일 수는 없다. 그러나 결국 스스로를 끝없는 자기기만 속으로 떨어뜨릴 뿐이다.

만일 조금이라도 지혜로운 사람이라면 행복하고 미지의 것에 대해서 한층 더 미지의 것으로 이름을 지을 것이다. 즉, 신의 이름을 쓸 것이다. 이것은 인간의 행복과 불완전성과 의존성의 고백이다. 그러나 동시에 인간이 참과 거짓 중 어느 하나를 선택할 자유가 있음을 보여 주는 증거다.